U0165410

100種
京都

序　京都情懷

京都。

一座很特別的城。寺有千間，店有千年，住在這裡的人們，習於遵從亙古以來的規律，在一樣的季節裡，重複做著相同的事情，吃著也許千年口味都沒有太大變化的餐食，避開了天災人禍外力，繁盛至今，將所有的習慣皆養成了傳承。

於是一個異鄉人，踏進了這座城，也能輕易在季節變換裡，感受到千絲萬縷沉澱下的種種煙雲。是以來看春櫻，入眼的便是豐臣秀吉遷來的櫻樹，吃一口糯米糰子，品嘗的是今宮神社旁千年不變的軟糯滋味，走進松榮堂，捧上的是與三百多年前香氣一般無二的線香，就連應當繁華熱鬧的市中心，也留存一片萬年森林。傳說森林裡住了神，才讓京都成為如此獨一無二的地方。

這樣獨一無二的地方，可觀楓，可踏杳，可賞白雪。能拜神，能訪廟，能尋古跡。如此佳城，偏又得天獨厚，倘居然嫌棄了市中喧囂，上山有高雄比叡貴船鞍馬，去鄉可走奈良宇治嵐山滋賀。求熱鬧能連跑幾場祭典，求清靜，那就坐禪觀青楓手抄心經。便是俗人如我，也忍不住在這千年城裡快活地發顫。

此間所寫下的不過是遊蕩這座古

城時能記下的萬一，時跨十多載，行間或獨旅，或偕友，或攜小兒，然俱從自己心意，執且偏，不敢與真正旅京都大家的廣度深度相比，算是野人獻曝罷了。倘君不中意，還請親身訪京一回，許多事非眼見不得為憑，京都便是值得您眼見爲憑才好呢。

ASAHI SUPER DRY
アサヒスーパードライ
オリジナルウェディ

目次

春

OF KYOTO

TO

OF KYOTO

冬

秋

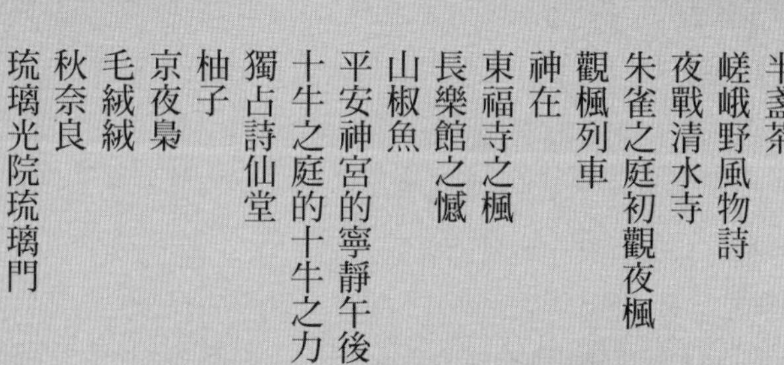

夏

深夜裡恰逢春日裡，
無名山中亦有霞，
只是薄一些

——松尾芭蕉

春散策

春天的京都極美。不僅在櫻花，更在凜冬初過萬物復甦的那股生氣。舒國治言京都乃是最具氧氣的城市，以此直抒京都自然與人文之和諧。確實，京都占盡四季分明的優勢，又雅擅於收納小景小物，以點窺大，展現彷若無意又似刻意的四季變換。

春來京都，尚未見大景，就可以在招牌告示上看見各色手繪櫻花、在飲食桌上看見天青小皿盛裝粉色糯米糰，便利商店擺著醃漬櫻葉的櫻餅。甜點店推出櫻花口味新品的海報。抹茶鋪子將自己的招牌茶飲妝點上紅豆泥雕的櫻花，料亭也能參上一腳，推出以「櫻花蒸鯛」為主菜的春懷石料理。即使還未到櫻花勝放，房間哪個角落也被放上一盆旭山櫻應景，沒那麼講究的店家能把門面全用粉紅塑膠花裝飾上了，就是務必讓人感知到春天已降京都。

這種時候還能怎麼辦？只好去看春花。若二月到三月中，可以去北野天滿宮賞梅，三月開始，是御苑的桃花登場，到了三月下旬，就是櫻花季了。春天在此時盛大鳴放，由吉野櫻先露端倪，再來枝垂櫻、紅枝垂、八重櫻一路開到御室櫻，期間的山茶、石楠或三葉杜鵑也並不遜色，只不過給滿天鋪地的櫻花一壓，其他什麼花都只能讓位。

選一天起早，從銀閣寺出發，再不然法然院也行，由那頭往南，順著哲學之道一路看迷你運河襯櫻花隧道的景致，最好趁天剛光，才能享受清淨無人的哲學之境。不必多作耽擱，沿路緩行已足夠感受櫻花的盛大至美。差不多看夠了，也就到南禪寺端。南禪寺也有櫻花，但地闊而花稀，足夠的留白剛好可以讓審美疲勞稍緩。

南禪寺頗有宏偉古寺風範，巨大三門、方丈庭和磚造水道橋都頗有可觀之處，也能登上三門望遠，換著視角賞玩風景。這種時候櫻花不過點綴，走入春色而不見春。若有餘裕，也可以去附近的永觀堂看看。雖然永觀堂有名的是秋楓，但本為貴族莊園的永觀堂與南禪古剎風格迥異，且春季亦美。

最後往蹴上走吧！這一處廢棄的傾斜鐵道配上春櫻如織的景色近年大紅。踩著鐵軌步行看櫻，景色又是殊異。

這樣半日春散策，逛了古寺、走了最美散步道，看了寺廟櫻花、流水櫻景、鐵道櫻花，可以說是最經典京春遊了。再覓餐廳用一份春懷石料理，足以不負春光。

南禪寺

安靜的櫻花

春京都相當熱鬧，簡直可以說嘈雜了。你想避開人潮好好觀賞季節之美，靜靜看點春櫻日常，要不就是早起，只要起得早，就算櫻季時如同鬧市的哲學之道，也能確實散發禪思與哲學氣質。然而你說你是夜貓，你想旅行中、或說正因為是休憩中的旅行，就更不願意起早。這時候或許可以試試深夜的高瀨川。流經木屋町通的這條迷你運河，鬧中取靜，兩側有櫻，夜裡有燈光閃爍，燈下的花朦朧，也很美。只不過沿川有些路段偏是露天吸煙區，你不喜歡煙味，那就有點掃興。

如果真的想肆意享受點京都春的庶民日常，其實要我說，不如去山科。

山科是京都邊上的一個小鎮，以陶藝聞名。毘沙門堂是當地知名景點，建築以外，主要是前往堂前的石階路兩側滿是楓樹，因路狹樹密，深秋時楓葉飄落，能鋪成紅毯，列名為賞楓勝地。春天呢？你問。春季在該地疏水道兩側的櫻並木亦是勝景，起初並不有名，然而山科居民為了美觀，特意沿著櫻花樹下種植油菜，時節一到，油菜花開，粉白與金黃交錯，大批美照令此地一時聲名大噪。

雖然如此，畢竟不在鬧市中心，即便是在櫻花最勝時分，這裡也不見擁擠。

從京都或搭JR或搭京阪，地鐵也行，至山科站下，沿著水道民居，輕輕鬆鬆地走，順著山科疏水的指示牌，沿路的民宅時不時有櫻花竄出牆外，偶也有居民穿梭，一派小鎮風貌。步行不必久，約十到十五分鐘就能抵達疏水道。先入你眼的還是櫻花，要再多走幾步，金黃色的油菜花才會慢慢出現。但出現即高峰，金黃璀璨的油菜花不管是在豔陽下或陰雨天，都能以飽滿色澤豔壓櫻花，你不免要會為櫻花擔點心。總算櫻樹高，還能高傲地占著姿態之美。

終於你可以架起相機，記錄下這回的洛東櫻行；或只是愜意站在安朱橋上，俯瞰小橋流水粉櫻黃花。最好的是你通常不會看見太多人，完全可以假裝這就是你的京都日常。如果運氣夠好，還能看見琵琶湖疏水道行經此處的小船昭和號或平成號。當然，你不妨乾脆當回觀光客，搭上這琵琶湖疏水船，再順著去蹴上鐵道看另一種風情的櫻花。

春雨內

旅遊最怕下雨，要沾得一身溼，玩賞什麼都不便。然而京都或許可以開個例外。

幾回在京都遇雨，皆是詩情畫意。一次突逢暴雨，拿著傘都能淋得溼透那種。所幸降雨時人正在茂庵，咖啡剛上。於是透著窗品一杯香濃，賞山林煙雨，在百年建築中看水滴從真正木屋舊簷上成串落下。濃雨將周圍隔絕，想上來的食客一時半會被擋在雨外，早就不是清靜地的茂庵突又回復成早年茶室的狀態。只嘆此地已經以供應洋食為主，不然來上一杯煎茶，配上糯米丸子或蕨餅，正是適情適景，茶清雨明。

又一次旅行時短，不欲放棄出遊，冒雨去了大德寺。大德寺雖有深厚的歷史，但不算熱門景點，通常是走到金閣寺趁便順行來看的地方。兼逢下雨，乾脆就沒有人了。遊客稀微，而大德寺卻是洛北占地最大的廟宇，其間非一寺一院，而是多組寺廟院落庭園相形而成，若要認真行走，需費一日光陰。挑了芳春院高桐院慢行，景色由闊而窄而深邃。芳春院乃是為前田利家正室阿松夫人所建，芳春院亦是其法號，願以身為質換取和平的阿松夫人，居所也隱隱透著大氣，院落舒闊。然轉去高桐院就是兩番氣象，曲道幽深長直，兩側竹高林深，陰雨中日光稀落，一眼望不到頭。

彷彿眼見深淵，深邃不見底。又是另種意境。

但雨中散步最好還是嵐山。或漫步竹林間，或執傘於小雨中站在渡月橋上，遠山近景，皆在雨中斕漫，枝葉深林並非常見令人欣喜的雨中翠亮，而是彷如水墨暈染的重重疊疊，濃濃淺淺。雖然神社寺院自有其莊肅之美，但哪有山林間一抒胸臆的自在。橋上看山景看小舟擺渡，再走去祇王寺看蒼綠看青苔，轉去常寂光寺，不入，就瞄瞄院門。當時正好着木屐褲裙，不怕溼腳，雖不似竹林七賢有至交相伴，但怡然間自有晉人灑脫。索性再去更野一點的野宮神社，不求姻緣，只光遙想舊時王女風采。

雨中嵐山靜且美，若能等，待雨過天光，那透亮的天色分外清，恰似攝影中陰天閃燈的效果呢。

茂庵

大德寺

午後靜香

若是要去北野天滿宮賞梅逛市集，大概都會特別繞到上七軒一帶的喫茶靜香坐坐。

靜香在京都算是小有名氣的歷史咖啡館，上過許多次日本雜誌，但因為位於觀光客少了許多的西陣，並沒有如木屋町通上同時代的老店一般人滿為患，喝杯咖啡要排隊半天。大部分時候來店裡的人不多。午後時氣氛最佳，不分晴雨，斜淡的天光映射灰與青綠的門面，就是日系色調寫真集的作品步入眼前。

靜香是上世紀初的老店，名字便是創店人藝伎老闆的大名。上七軒本來就是京都五花街之一，截止目前為止也有藝伎表演的劇場在這裡，因為地緣關係在這裡開店，大約也覺得這處生意好做。不過時運不好，店開一年多就碰上二戰，初代老闆將店轉給了如今經營者家族，保留下來的只有名字。

約莫是這個緣故，日光燈下藍綠絲絨的沙發和褐色木桌上放了一排顯眼的紅白扇子裝飾，就是藝伎歌舞場送給客人的小禮品。

在靜香喝咖啡時很可以靜下心做事，這點在他處不好做到。一來名咖啡館人多喧鬧，再來是自己也貪心，極想蒐集咖啡館內大小細節、想觀察旁邊時髦的咖啡客、想和老闆聊上幾句，時時有坐不住之感。可靜香無論怎麼看，都會讓人感覺是間日常極了的咖啡館，雖然明明門前的小煙鋪，刻畫仕女的玻璃門到店內時光凝滯的氛圍，每一處都不日常，每一處都將人帶回昭和年代，但就是讓人覺得這是應該，就該在今出川通這條大馬路旁，普普通通的街景裡，鑲嵌上這樣一家店面。

我認識的老闆娘，當是接手家族的第二代經理人宮本和美女士。那時第一次踏入靜香暫歇，被這裡柔和明亮的光線和溫醇價廉的咖啡吸引。當時就是由有靜香名物之稱的老闆娘接待。靜香的櫃台做得高大，身形迷你的宮本女士時常隱身其後，因為突然出現把我嚇了一跳才開始的交集。那陣子頻繁來回京都，靜香連著去了好幾次，老闆娘也把我記下，和我說靜香添了牛奶的咖啡可是為了怕苦的男士設計的小故事。

前幾年去就已經看不見這位矮小的老太太，大約交棒給第三代經營。第三代經營得相當出色，店內的擺設齊整光亮，多了拍照起來很漂亮的輕食料理，社群媒體上的照片都拍得很有特色，店門，也漆上了明亮的紅色。我還是喜歡青綠與灰的門，喜歡午後陽光下色調清新的美。還會繼續來有紅色大門的靜香吧？能在異鄉有一處放進自己歲月時光的咖啡館，何嘗不是一種幸事？

喫茶靜香

理想的喧嘩

若在初春抵京，可以來北野天滿宮看看梅花。倘若恰逢當月二十五日，那來天滿宮就該成為必要行程。天滿宮祭祀著菅原道真，原為平安時代右大臣，地位如同孔子，不幸受讒而死。日本傳說中這樣有大能而受屈而死的人會成怨靈為禍，要撫平怨恨就要祭祀供奉。為此興建了天滿宮，學養俱豐的菅原怨靈轉身為學問之神，北野天滿宮的御守和繪馬因此大受學子歡迎。

每月的二十五日是北野天滿宮的「緣日」，菅原道真的生日和忌日都是二十五號。生辰死忌俱該紀念，於是每逢緣日便在參道舉行「天神市」，聚集來自各地貨品的跳蚤市集，從清晨一路熱鬧到入夜，一入夜天滿宮的六百多盞石燈籠與宮燈就會全數點亮，一年中數一月二十五日的「初天神」和十二月二十五日的「終天神」最盛大。

天神市攤位販售的貨品，除了飲食攤外，七成是二手舊物。正因如此，價格便很可親。若是有對利眼又願意費心查找，攤位倒是聚集了各種手工藝品、古著和古董，有心者務必銳利巡梭，畢竟寶物不好尋。我站在一位太太的攤子旁，看她準備販賣的物品，計有：舊鐵鍋三口、有焦痕的木勺五六把、褪色食譜一本、各有殘缺且看上去絕對跟古董沒什麼關係的不成套碗盤若干。這就是全部了。另外一頗有人氣的攤子高高掛起「全部五百日圓」。攤子上販賣的全部都是夏日祭典時穿的浴衣，當然都是舊物。隨意挑了幾件花樣看起來還可以的拿在身上比比，結果一攤開不是破了洞就是沾染上大片汗漬。

如此真正舊物雜陳的小攤舉目皆是，不趕時間很可以走走，看看京人的吃穿用度，翻翻撿撿或能得到心儀的「寶貝」，不值錢但動你心弦。若真不耐煩看，也可以買點土產鮮味，比如燒嫩筍，比如柑橘糖葫蘆，或是買點漬物回家佐餐，皆宜。偶然也會碰到十分吸引人之處，比如現場製作的木窗花。站在旁邊看了許久，只是旅行中，要怎麼買下木窗花呢？

踏出為市集占據的參道，走入氣宇莊嚴的天滿宮時，感受最為特別。鴿灰色鳥居在眾多冒著熱氣小攤與張牙舞爪的招牌中顯得和藹可親，鳥居之後卻是華美寧肅的天滿宮。莊嚴與日常，神聖與庶民，平靜與喧鬧。只不過相隔一步，就是天上人間。

穿過天滿宮。就在天滿宮後方，正對面的就是平野神社了。

北野天滿宮

櫻神社

春天的京都熱鬧又漫長，至少在看櫻花方面，這個古都的櫻花對遊人的寬容度要更可親，並不以單一的吉野櫻為主，所存的櫻花花種繁複，即便趕不上最盛時候，也很有得觀賞。

最具代表性的當算平野神社。此處大約是京都在單一處所存有最多櫻花花種的所在。四百多株櫻花中有六十餘不同品種。雖然感覺像是周遭居民隨意散步的地方神社，門口卻立著木牌。招示神社栽種的十多種特別珍稀的櫻花。和大阪造幣局的上百種櫻花相比要稍遜一籌，但賞櫻的格調要比在水泥過道中賞花的造幣局高出不少。

平野神社是從奈良搬來。在奈良還為首都的時代，平野神社是建在皇后御殿內鎮守御所以及奈良京城。隨著遷都京都，平野神社也跟隨天皇家一起搬到現址。據說當時的平野神社還擁有皇家格局，占地遼闊。不過如今縮減成二百平方米。本貴為天皇家神社的平野，略顯委屈地窩居在天滿宮之後，門面狹窄。不過神社前是一排小巧朱紅色奉燈，很是可愛。

若是想看最熱鬧時節，頂好在染井吉野櫻盛放時前來，此時開放夜櫻祭典，熱鬧能一直持續到夜深，不似圓山公園內的靡靡，更像廟會，滿是平民百姓風情。然而我更喜歡過了熱鬧時間來，大多落在四月中旬後，祭典已經結束，吉野櫻下場，人潮散去，紅枝垂、寢覺櫻、平野妹背櫻等晚開櫻花正要登場時來，雖無熱鬧可看，卻比他處清靜宜人。

此時紅鳥居旁的枝垂櫻大抵還點綴地掛幾朵，染井吉野已謝盡，急著新生的葉子將褪去初綠稚嫩，在暮春裡染成深綠，變成道地的「葉櫻」。社內以注連繩層層圍起的高大老櫻樹多半還有六七分櫻花，比起盛放時間，更有飄零之姿。此時大可慢悠悠欣賞一株株珍稀的櫻種，對照樹旁木牌的解說辨認花卉，甚為幸福。

平野神社

喚平野神社為櫻花神社，不只因為遍植櫻樹，更因平野神社的神徽便是櫻花。是以不只神社門前高掛的紙燈籠上能見到粉紅櫻花圖樣，就是拿來寫下心願的繪馬，背面也是圓形櫻紋。神社後更有一條兩旁都是櫻花的「櫻花通學路」，以供小學生上下課行走。即使櫻花無多，遊人亦寡，便是靜坐神社廊下聽風觀雨，亦是春意盎然。

窗下的誤會

午後有許多人來看花，當然，因為正是櫻花季，哲學之道上幾乎就沒有落空的時候。

這條短短兩公里的散步道，名字來得很有趣，是因為京都大學的哲學教授時常在這冥想而得名。當初若是物理教授在這裡思索定律或是語文教授在這裡寫作詩歌，那大概就會變成波以耳定律之道或俳句小路吧。不過目前小路上倒是滿多人寫生，若叫繪畫之路可能更應景。

平時的哲學之道大致還是稍微幽靜，來這裡走走，探索一下支道上的小店神社，相當不壞。要說景致十二分優美或許沒有。就是一條極家常的小徑，琵琶疏水道就此流過，帶來些許涼意，水不深道不闊，然而枝葉扶疏，走在其間微風徐來，心境自平。

這種場景在三四月就不存在。這條枝葉扶疏的道路，恰好生長的就是櫻花，路狹而櫻樹林立，特別吸引遊人來訪。若是從南禪寺開始行走，經若王子神社一路行來，最後到銀閣寺參拜，恰好半日行程，其間人最多最擠的就是哲學之道，不僅壅塞，沿途盡是燒肉烤章魚燒的小攤，純就氣味上而言，一點也不哲學。

被氣味熏得受不了，邊上的小咖

啡館くろがねや（Cafe Kuroganeya）恰好還有一個露天座，順勢坐下點了杯咖啡。くろがねや的位置很好，從哲學之道上不能直接看到這間小店，但從小店看去，卻是正好能望見道上怒放的櫻花，還能躲去惱人的燒烤香。尤其大片窗玻璃映照著美麗櫻景。方過正午不久，光線強烈，直接拍攝櫻花不美，轉頭拍起窗上倒影，倒是剛剛好。

拿起相機拍了幾張，正著迷美麗倒影之際，突見窗後貼上一張大臉（若非貼上玻璃窗，還真看不到窗後的人），是一位大姐，兩眼帶著怒氣直直盯著我足有一秒，似乎往後叫了人。正吃了一驚，下一刻就見一位女店員走了出來，定定地看了我手上的相機兩眼，再回頭看向大窗端詳，似乎明白了什麼，走回店裡，低頭和大姐說了兩句，便鞠躬離去。又過片刻，大姐走了出來，也轉頭看了看大窗，毫不客氣地拿起手機對著那扇窗拍了又拍。

哎呀真是個誤會，莫非大姐以為我是個偷拍她的癡漢不成？

¥100

難求

京都一向比東京或大阪難訂房，這是因為以觀光人數和飯店數量相比上的不對等。疫情後京都多開了好些新旅館，觀光人數卻也更多了，依舊處於供不應求的狀態。四季皆美的地方淡季不長，大抵在五六月和一二月要容易訂房一點。當然，這是指價位中等或廉價飯店，願意出高價還是有一定優勢。

不過這都是指正常時候，每逢春櫻秋楓，務必盡早。這種時候不管什麼價位都「一位」難求。我曾在秋楓季求告無門，差點要住到大阪姫路。也曾在春櫻時分迫不得已住到青年旅館和膠囊飯店，因此見識了宿京都的另一面向。

A-Yado 是隱密的青年旅館，位在祇園，位置相當好，價格亦友善，一個床位一晚三千日圓內，以旺季來說沒有可挑。隱藏在商業大樓內，非常不好找。價格與地點的優勢下，設備就一言難盡。不到八坪的房間塞了十張上下鋪，隱私全靠床位附的一片薄簾子，滿客時候空氣窒悶，若又兼有住客洗晾衣物，氣悶以外還要添上潮氣。一般青年旅館都會附上的交誼廳，在這裡也是聊備一格，兩把椅子幾個茶包就算有了，從不見人在此交流。雖不曾打算在旅行中交友，但這樣陽春的設置也看不下眼。一晚便退房，換去住膠囊旅館。

「膠囊旅館」（カプセルホテル）起源於建築師黑川紀章設計的膠囊型住宅。據說是經營桑拿的社長中野幸雄，在一九七二年（實在比我以為的早許多）和建築師本人合作，在大阪開設了第一家「CapsuleInn 大阪」（カプセル・イン大阪）。不過真正發揚光大還是在東京，成為錯過「終電」（末班電車）的上班族最佳避難設施，一晚價格比計程車資便宜，還能好好睡覺洗浴。這樣的住宿點居然雍容的京都也有？光想想都好奇。

入住的頭等艙旅館（FIRST CABIN）是京都最早開始的膠囊旅館之一，摒棄上班族，鎖定的目標就是觀光人潮。旺季價格五千日圓一晚，設備和空間都要乾淨合理得多，共用的浴間明亮清爽，還有湯池可以泡浴。入住了頭等艙房，床以外還有一張小圓桌，牆上可掛衣物，床下可放進登機箱大小的行李，高度可以讓人直立不壓迫。提供電視和耳機，插座也足夠使用。唯一像膠囊的地方是隔間方式，依然是排排立好，沒有房門，以隔音隔光的厚布簾遮蔽，男女分區。也有更便宜的商務艙和經濟艙可挑選。差別在於面積。商務客人就沒有小圓桌的那塊地，進房即上床。經濟艙就是商務艙房變成上下兩間，壓縮了高度，此外待遇上沒有差別。

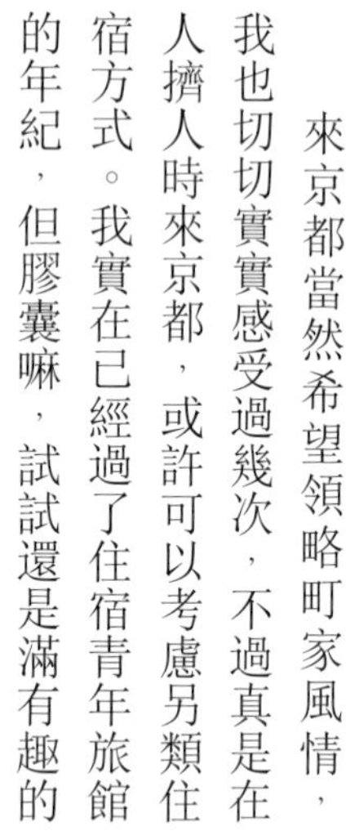

來京都當然希望領略町家風情，我也切切實實感受過幾次，不過真是在人擠人時來京都，或許可以考慮另類住宿方式。我實在已經過了住宿青年旅館的年紀，但膠囊嘛，試試還是滿有趣的經驗。

FIRST CABIN

A-Yado

春晒天龍寺

相當喜歡天龍寺。

雖然是京都五山之首，天龍寺因為屢遭兵災火災，其部分建築的歷史在京都一地來說，並不算太久遠。不過庭園極闊氣，坐於寺內往外看，是難得不見寺牆阻攔視線的大景。畢竟原來曾是天皇離宮，腹地曾有百公頃，絕非一般寺廟可比。即使之後遭政府徵繳土地，縮減為原有的十分之一，依然相當可觀。

因為占地廣，不管庭園還是廟宇，都造得寬舒適意。大約因為本為離宮，在架構與細節上並不給人富麗之感，園景疏而闊，頗有禪意。若是早春來京都，可以來此碰碰運氣，因為品種殊異，天龍寺的櫻花要比他地早開，算是早櫻的一種。夏有紫陽花，若是到寺院後方的花園觀賞，散景處處，秋楓亦很可觀。不過景雖佳，倒不是打動人心的點。我圖的，是那面庭院的大和室。其舒適清涼、簡約禪意，完全是入眠好地。

猜想英雄所見略同，初次造訪天龍寺時，能見到數人躺在和室內，或側臥，或仰面朝天，在清風徐來下悠然入夢。對長期睡眠不佳的我來說，完全是催眠前奏。忍不住摒棄他人眼光（其實人也不多），也試著秀氣躺下。開始還有點不自在，自覺不雅。不過才數秒，便覺得實在舒服得不行，輕輕飄飄，塌塌米彷彿雲端，氣息更是分外清新，不知不覺竟小睡去了十來分。覺雖短，醒來後卻感精力充沛，腦清目明。和每日清早起床仍昏沉的感受截然不同。

不過恐怕效法者眾，再訪天龍寺，就看到寬闊的和室內就地放了小木牌——午睡請免。到底是多少人在這裡大睡特睡才得來了這面牌子並不知道，但那場小睡變成深深記憶，十分珍貴。仍然喜歡來天龍寺，仍然喜歡坐入和室內，聽風看雨。即使不入夢，心也分外清。不過即使現在，偶然仍會看見有人臥於塌塌米上，算是休息。大概只要沒睡著就不致被制止吧？

大本山天龍寺

嵐山絕景

提到嵐山便不得不說那回絕景。

從嵯峨嵐山站出來，沿途佳景許多，直抵渡月橋之前，舉凡天龍寺、寶嚴院、落柿舍、常寂光寺甚或那片著名的竹林，全在此岸。過了河就只有法輪寺可以看看，又或著直奔星野在此的度假村，差不多是這樣。

某次偶然過了河往人少的地方散步，順著保津川，清風徐而靜，櫻粉團團夾在深綠淺翠間，景也甚美。川上小舟渡人往返，要價便宜。沒有搭上保津川遊船，搭上這種專門渡人過河的小舟也不壞。回程也打算乾脆搭船去對岸。然後就出現那塊招牌了，但凡招牌的字體整齊一點，恐怕都不會注意到。但稚拙又不修邊幅的字，太捉人視線。

招牌書寫著「絕景，Great view，徒步十分」。在景色佳美的嵐山自命絕景，得要有多大自信呢？景色又該多絕？看了招牌就不由得如此想，一念頭便墮入彀中。

一路上除了保津川，沒有其他特別值得駐足的地方，絕景的擁有者大約怕人意志不夠堅定，差不多每隔兩百公尺，就要再張貼一招牌，說再走多幾步路就是絕景啦，請再努力一點、堅持一下的字句。每一張的字體都看得出是出自同個人，每一張都讓人想問這手字配得上絕景嗎？就這樣扔餌釣魚，一步步從河岸走進山間，爬上了小坡的兩百級石階，進了一間山村野寺。

野寺名喚大悲閣千光寺，本是二尊院的附屬，被京都富商挪到這山間也有幾百年。說不上有沒有好好維持，挺小的一間寺院，一間奉祀的小殿，一處能坐著抄經的小堂。小堂放了幾副望遠鏡，從那往下看，能俯瞰嵐山。這，就是絕景了。實話說不免有上當之感，想來秋日楓紅也許不壞。現在嘛，也就勉強能說是登高望遠。和尚是有的，收門票錢之外就坐那讀經，偶爾和稀少的遊人講話。因為走了兩百級階梯又交了四百日圓，上來的人都不打算早走，光坐在那逗狗（和尚養的），偶然睨兩眼「絕景」。

那是十多年前的事，當時回來還找過資料，想確認是不是自己眼拙冤枉了「絕景」。結果連寺名都查不到。事過境遷，如今重訪小寺，不僅添上精緻瞭望台，小堂也整潔許多，日子明顯過得豐潤起來。試著Google，不但馬上找到大悲閣千光寺的位置和歷史，每篇文章都會特別強調此地為嵐山絕景，而那幅拙劣的字則成為每篇文章的附圖！原來！這幅字該不會就是行銷祕訣吧？

大悲閣千光寺

風月咖啡街

一開始去木屋町通是因為幾間心儀的老咖啡館。咖啡館非常有味道，一間是後來很常前往的法朗索瓦法式沙龍，一家是築地咖啡。

法朗索瓦是一家老文青味很重的咖啡館，店內時常高朋滿座。店裡放著古典樂，牆上有並不知名的畫作，也有知名畫作的仿畫。雖是由町家改建，改完之後卻成為帶著穹頂和拱行飾牆的歐洲巴洛克風。成立約有八、九十年，若要說起創立緣由話就會很長，主要就是創始人希望藉著文化沙龍之名表達自己反軍國主義的理念。因為保留了絕大部分創店時的風情，成為首間被政府立為有形文化財的咖啡館。

這裡頂好在京都逛完一天，入夜了無處可去時來。同樣可以去的地方也有六曜社，但是到了六曜社地下店，忍不住找話和老闆閒聊，如果當日甜甜圈有剩，可能還會受不住誘惑半夜吃起甜點。所以想靜點時，就去法朗索瓦。

法朗索瓦並不安靜，音樂和談話聲在室內嗡嗡。不過非常適合一個人來，可以好好觀察每個都看似文化人的咖啡客。大部分都會入座很長，看他們或是點支菸（也有非吸菸區），帶著京都少見的鼻孔瞧人姿態和同桌說話，又或戴著貝雷帽頭貼著頭竊竊私語。隨便看一晚下來可以編出許多故事，非常適合小說家來激發靈感。

另一間老店築地咖啡，光是建築本身便令人驚艷，特別是極厚重的牆和彩色鑲嵌玻璃窗，予人科比意廊香教堂的聯想。室內色調極厚重，布滿各色古董，桌椅帶有點哥德風，一樓後方有個類於小起坐間的區域，充滿私宅氛圍。只不過幾次來訪，入坐的都是新潮的年輕人，吵吵嚷嚷喝完咖啡就起身走人，情緒往往被打斷。咖啡館本身是極好的，只恐怕和我有點犯沖。

來來回回在這個區域走了好多次，才偶然間發現其間似有一些十八禁的風俗店。非常客氣，只低調在門前小貼一張未滿十八免入的牌子。因為不似歌舞伎町那般有人低微又痞氣地攬客，也不是名古屋風月區能帶著一串年輕小姐上街的張揚，我恐怕是會錯意，回來還特別上網查了一下，鍵入木屋町通風俗店關鍵字，居然馬上出來「木屋町通四十八間風俗店一覽」或「外國人安心消費京都風俗店」字樣！

什麼啊，原來這裡竟是一條風月咖啡路嗎？

法朗索瓦
法式沙龍

築地咖啡

築地

三ッ乱
075-257-4877

18

人妻
秘密倶楽部
三十分　七千円～
075-213-0777

コスプレ専門店
Nurse Call
ナースコール
TEL.075-223-1444

三ッ乱
別館

櫻夜市

圓山公園六百五十株櫻花，大部分人是為了其中一株祇園地區代表櫻——「祇園小姐」而來。這株高大的櫻花屬長壽的八重紅枝垂櫻，栽種在圓山公園的正中央，被當成寶貝保護，沿著櫻樹謹慎圈上圍欄，閒人免近。祇園一代櫻在高齡二百多歲時枯死，目前屹立在園中八十來年的是二代祇園小姐。

祇園小姐非常高大，姿態婀娜，夜裡來看，花繁而粉，不僅有專門的燈光將其打得盡善盡美，花前還擺放了一盆火，彷彿是為櫻花祈福。火光跳躍下的祇園小姐分外妖嬈，確實美麗又高不可攀。追了櫻花這麼些年，這種陣仗截至目前為止還是唯一。京都人對祇園小姐可是真愛。

本來從清水寺下來，看完祇園櫻順行往八坂神社，剛好散步回旅館。穿過林間時發現左側的樹叢透著燈光，好奇探頭一望。哎呀，竟是一幅好景！

矮樹叢後正是一片櫻花林，櫻花正盛，燈光亦是大盛。瀾漫的櫻花枝子上繫了累累燈球，一串串穿過花間、拉過枝頭，將黑夜照得如同白晝。櫻花下是一方方鋪著紅布的矮席，席上設有小方桌和藍布團，供人入座休憩。邊上是小吃賣家攤，清酒熱食應景小點，應有盡有。看來圓山公園的六百五十株櫻花可在此處，燈下人聲鼎沸，寒氣深重的夜讓冒著光與熱氣的燈球點燃，不由也想坐下了，這樣充滿生活氣息的盛景，對獨旅之人實擁有巨大吸力。

付了坐席費，點瓶黃櫻酒，便可以獨據一隅，自斟自酌。兩口清酒入喉，光與櫻，食與酒，杯觥交錯。剎時只覺腦中空蕩，只夠盛放眼前滿溢的景，只夠想著可以帶著誰來再訪，在櫻花夜宴下浮滿一大白。

後來拿了照片問日本朋友，才發現這樣熱鬧的櫻花夜市，即使在日本也不多見，除卻京都圓山公園，竟然再沒聽說過還有哪處。奇妙的是，提到圓山公園的櫻花，能聽說的卻全都是白富美屬性的祇園小姐。怎麼了？難道這庶民般的熱鬧不登大雅？

我無疑更被櫻花燈下的浮世繪深深吸引。一處能吃能喝能大聲歡笑卻又櫻花燈火相互輝映的地方，怎麼能不吸引人？且容我為此處宣傳一番，若您在櫻花盛開時造訪京都，請務必抽出一夜，賞完祇園櫻就來此歇腳，享受那別無他處的櫻花夜市。

圓山公園

Asahi

春夜瀾漫 上

櫻花夜市的坐席費是一小時八百日圓，一小時如飛過去，酒喝盡，也準備起身走人。

然一個長得像韓裔演員 Brain Tee 的人走過來，一開口就是英文問候，取了桌上相機為我拍照。似乎是順手幫觀客小姐一把。

拍完了照，Brain Tee 便自己請自己坐下，頗有興趣地打算聊起來。略思索，想這櫻花樹下一位難求，對方恐怕是衝著座位來等朋友。畢竟放眼望去，宛如同樂會的現場，一人單坐的只有我。於是告知桌位馬上可讓他。

「不，我也是一個人，剛來京都大學念法律研究所，家在橫濱。才剛來一個月，還沒什麼朋友。」對方略帶靦腆地搔搔頭，「一個人喝酒真的很無聊呢。」

櫻花季就是日本的開學季，Brain Tee 外貌上看來也的確年輕，對我而言是小弟弟一樣的大男孩。在日本被搭訕不算很常見的事，特別我一副明擺著外國人的樣子。大約是想練英文吧？當獨旅日久，期間也沒有機會和人好好講話，能聊天也挺好。

Brain Tee 自我介紹單名廣，聽我同意相當高興，馬上叫了酒，大方地說酒和坐席錢都算他。酒我自然就沒喝了，女郎單身出行在外，該注意的仍要注意。不過話是慢慢聊開。從櫻花的景點開始，到都看過的日本綜藝節目、又從戲劇聊到坂本龍馬和戰國三傑，也談起有名的建築。可惜並沒有與在地人閒聊時彷彿挖掘祕密景點的痛快，廣在京都的一個月光是辦瑣事等開學，沒去什麼地方。熟悉的全都不是值得觀光之處，還不如我呢。

Brain Tee是韓裔，廣看起來也像韓國人，而橫濱是許多韓裔日人的居住地。一時好奇「所以，你有韓國血統嗎？」衝口而出，此時方覺自己是否冒昧。「或許吧？」廣說，曖昧不清的回答，大約真不是個可聊的話題。早年在日本的朝鮮人多半是戰亂時非自願來的，戰後雖有許多回歸故土，卻也有相當數量的人滯留下來。留下來的人有些沒能取得公民身分，有些即使成功入籍，也時常在這裡那裡地被刁難，雖然隱諱，但日本人的排外性極強，來作客是歡迎的，長待不走往往是另一回事。

然正在我暗自懊惱不應隨意開口之際，廣說了：「我父親是日本人，不過我媽媽是朝鮮人，我很幸運被歸在日本人這一邊，但小時候，是真的不太和別人說我媽媽的事。你知道，小孩子可以很殘忍的。」他聳聳肩，一副不勝酒力地趴在桌上瞄人，做出可憐的表情。「每次提到這個啊，我就感覺需要安慰。」

「一小時快到了呢。」我笑笑地起身。果然是春夜呢。

廣是個很能抓住重點的人，「妳不是對咖啡館很有興趣嗎？有一間景觀很棒的咖啡館，在高樓，能看到鴨川，而且營業到午夜。」

櫻花季實在難訂飯店，當晚被迫要在各種條件都不好的青年旅館住宿，確實也不太想早回無趣床位。於是跟著廣步行到鴨川旁商業大樓頂上、確實營業到深夜Ace cafe。店裡布置簡潔，燈光調得非常昏暗，咖啡館的三面都是玻璃窗，面對鴨川那一面還特別將椅子都排在面窗的一側，若是白天來景色應當宜人。不過夜裡不只窗外見不到什麼，咖啡館裡也暗沉一片。

進到咖啡館，廣又變回很能侃侃而談的大男生，內容圍繞著鴨川。「確定要來京都，我就把好幾部和鴨川有關的電影看完。」他說。感覺把認識鴨川當成京都的敲門磚，連租房都租在能看到河的地方。樓頂看不夠，又拉著我在鴨川邊上聊天，就著路燈看櫻花，彷彿回到大學時代，聽哪個追求者在政大河堤絮絮叨叨自己在京都的孤單。

「很久沒有毫無顧忌和人講話，真是謝謝你。」「那就好。不過，我想回去了。」鴨川風大，我畢竟不是來河堤談情說愛的學生。

「啊，不要嘛！妳去過高瀨川邊

的咖啡館嗎？情調很好。」

午夜時分坐進高瀨川上的 Bar ChiChi，喝下今天的最後一杯咖啡。店的位置很好，四季風景皆宜，坐在這裡能看到垂柳櫻花，夏天還有綻放的紫陽。我之後又來了幾次，調酒也相當不壞。依然喝酒的廣逐漸出現草食男式的撒嬌日文，每句話尾都加上裝飾音。

「真是青春！」我想。在只想著要抱一個人睡的年紀，盡己所能爭取，明明對方咖啡喝到眼睛清醒發亮，身體和語言都寫滿了拒絕，也還要熱切一試。

「你就這麼想找人陪你回去睡覺啊？」

「啊，」他傻笑起來，「反正妳說旅館很爛啊，而且不管怎麼說，一個人也是很寂寞的吧。」

廣紳士地陪我走回附近的旅社，然後抬頭做最後的努力，「真是很爛的地方，我房間真的很棒，妳帶著行李下來好吧？」

此生唯一一次在京都被搭訕的經驗到此結束，想來值得被記下一筆才是。

Ace cafe

BAR Chichi

夜櫻

擅長依時間光影展現美感的京都，從來都不會放棄夜的獨特魅力，只要春起秋落，季節性的「夜觀」活動必不會少。

若是在春季要挑一條最負盛名的路線，頂好是從高台寺開始，先是觀賞方丈庭的獨櫻，容燈光的絢麗襯托主角，瀰漫出舞台氛圍。然後步行上二、三年坂，從華麗的姿色中緩緩氣，順便讚嘆步道旁孤立的櫻樹，將這條頗具特色的石坂路襯托得更加出塵。

然後上清水寺，見識京都著名的地標，看看在夜色燈光與櫻花交錯的清水舞台，感受季節限定的明信片式風景。再順坡而下，從寧靜雅致的寧寧之道，轉到圓山公園。這時巨大又風姿獨具的祇園小姐必定滿占眼簾，最後步入櫻花夜市，將所有的高不可攀化作配酒的風情，徜徉在浮世繪的情景。倘或還不滿足，往祇園的方向走，新橋通與白川交界的巽橋一帶甚具京都風情，兼之櫻花交錯，堪稱攝影好景。

然而這也是一條人實在多的路線，若是不耐煩一路擠著，也可以挑兩處景致特別的地方看看。比如平安神宮，桃紅色的枝垂櫻如瀑灑落，豔美非凡。人多以為櫻是粉色，其實不然。

絕大部分的櫻花更接近白色，粉不過是略略沾著，夜裡光不仔細打，便宛如鬼片場景。但平安神宮的櫻是深桃色，暖光照射下嫵媚如少婦。又或者東寺，櫻花的背景便是德川家光蓋的五重塔，前景則是一池如鏡，櫻花與塔倒映池中，又是一處好景。再不也可以去西元七百多年同皇室一起從奈良移居京都的平野神社，氣氛上偏向八坂神社，這來者多是京都人的櫻花神社，景雖不算特別，勝在歷史悠長，櫻種更是繁多。

好景不免壅塞，然而就算真真討厭人，跑去植物園看夜櫻還是大可不必。不是我說，大約是經費不足以請到名家設計，植物園年年有夜櫻，人也年年熱絡不來，算起來恐怕是植物園夜櫻有點陰森，白燈下一片悽慘，讓人提不起興致之故。欣賞的舒適度與值得度綜合來看，或許二条城還能推薦。建築有故事，地方寬闊，遊客多些也不會太擠，而燈光打得確實好，把不算多的櫻花襯得分外美麗。這兩年新添了光雕戲碼，用光說故事，大概又要因此增加一些人潮。

總之夜櫻繽紛，景色難得，一年擠這麼一兩次也不算過分。就是出遊前請查好時間，夜觀不會通宵，時常八九點便結束。懂得限定之道的日本人可把這玩得明明白白呢。

高台寺

最後的花見

如果不是在京都一連待上至少半個月，就不可能在一趟旅行裡同時看到哲學之道上的櫻花滿開，又看到仁和寺的御室之櫻。

仁和寺所在的洛西極幽極靜，若走進仁和寺那有京都三大山門之稱的碩大仁王門，門外俗務就能輕易被擱置腦後，心靈空明。日本歷任天皇退位後，有許多皈依佛門。此地從西元八八八年開始，便是退位天皇最後的清修地，許多皇子皇女也在此落髮出家。廣納天皇貴冑的仁和寺因此又稱「御室御所」或「御室仁和寺」。其中列為國寶的金堂，還是由過去天皇一家居住的京都御所正殿紫宸殿移建而來，除卻屋頂從檜木皮換成本瓦，幾乎沒有變動。完整保有皇家風華。如果貴為人君遁入此門便能放下，那麼仁和寺所擁有的靜謐氛圍就不需置疑。

仁和寺的櫻花又稱「御室櫻」。據傳是天皇親手栽種下，在仁和寺闢出了一方土地，作為專門的櫻花園。因為開花期特別晚，幾乎要等到吉野櫻落盡之後才開始開花，於是稱號「京都最後花見」。若是連仁和寺之櫻都沒法看見，註定此年與京都櫻花無緣。

除了開花期晚，一般櫻花大半只生長於枝頭樹梢，御室櫻卻是從頭至尾開滿櫻花，茂密非常。且御室櫻高度遠低於一般櫻花，至高不過三公尺，又被喚作「低花」。人站在櫻樹間，茂盛櫻花剛好在鼻子前方，因此有「長在鼻前的櫻花」之稱。為了這群個頭不高的嬌客，寺方特意在櫻花園中鋪上長條木板走道，規範賞花者走在路中，不至於隨意胡行地迎頭撞壞了御室櫻。因為御室櫻花朵叢密，即使接近花落，也不會感覺花朵飄零。花雖美，但低矮的御室櫻樹的枝幹形貌並不討喜，扭曲地有些像相思樹。但多瓣的白櫻密密生長於枝幹上，遠看彷彿雪壓灌木，竟然有些冬日的美麗。

這種時節來看櫻花，最好的就是觀光客已經漸少，來此處的多是資深追櫻者。尊貴的仁和寺彷彿一年開宮殿一回般供百姓參觀，也就這時候能沾染點煙火氣呢。

和　寺

黃鶯亂啼的走廊

沒有真正走訪過二条城。當然，二条城有名的夜櫻有幸來過，燈打得兼有藝術與傳統之美。至於城裡有什麼似乎並不重要，這種心情只要在京都待夠幾天就會了解，初到京都會把行程排得爆滿，再訪就覺得一天三處寺院神社很可以了，慢慢更會感覺其實光在門外、庭院站站也不壞。到這個地步就可以放鬆心情，依心意而非名氣來遊逛京都。

起心動念花錢買票，不過是為了可以一邊講古一邊帶小兒好好看完一處景點。小兒偏好歷史故事，來京都前方聽完全本三國演義，喜歡得不行。進入二条城所，正好可以跟他講起與三國有點相類的日本戰國。

日本戰國終結者是德川家康，德川家康身為幕府將軍時期，他在京都的住所就是二条城。明治天皇時期的大政奉還，實際發生的場景也是在二条城。於是可以說，二条城就是見證德川家的興亡、幕府開始與終結和新舊日本承先啟後的發生地。靠講這個讓八歲小兒安靜撐過整個參觀過程，能聽進去多少不清楚，但二之丸宮內調製金粉繪就的漂亮壁畫，或老虎或孔雀或成片松樹的圖案，倒是牢牢捉住他的視線。

二之丸宮就是德川將軍的居所，修建成武士迴廊風格，非常富麗，可惜內部禁止攝影。圍著殿內的走廊彷彿內建音控，稍許走兩步就會聽到啾啾啾啾的小鳥鳴叫之聲，音如黃鶯。恍惚記得從前也讀到過古時中國有座宮殿，妃子步行其上就會發出樂聲，想來是差不多的方法。不過放置在二之丸接見外賓的地方，作用大約不是那樣香豔，是預警刺客嗎？結果一看資料都不是，只不過說釘子與地板橫木之間受壓力而發出的聲音罷了，官方說法純粹就是建造上出現的缺失。說起來真是美妙的缺點。

參觀的時候遊客非常多，整個走廊從頭到尾都是啾啾啾啾啾啾的鳥叫聲，很新奇。小兒心不在焉，似乎沒有聽到嗡嗡的清脆鳥聲。也許這些喳喳鳥叫對他來說就是聲音的日常吧？

二条城

美麗的遇見

近來報導，說是花見小路兩側有小道被封起，因為觀光客過分不識相，嚴重騷擾到兩側住戶。至於騷擾的原因？不外就是拿著相機對著人臉照，更嚴重點乾脆在人出來時蜂擁而上，或詢問合照或好奇觸摸對方，最常見的就是一群人圍著對人一陣拍。

他們拍的，就是藝伎。

花見小路是祇園花街中心，兩側的料亭還保有請藝伎表演的習慣，確實在夜幕時分偶有機會看見美麗倩影，窄步急行匆匆趕往客人所在的餐廳，這種時候被攔下來擋著拍照，對藝伎們而言實在是種困擾。從前藝伎們並不介意人們的好奇與拍攝，只要不妨礙她們行動，拿起相機拍多半還會給個笑臉。

我也有過幾次碰見藝伎的經驗，一次是在京都車站，兩三個藝伎結伴，大約是工作結束，拿著小箱子輕鬆緩行。一次是在納涼席，隔著一扇竹簾的隔壁客人點了藝伎，但不多久就因為納涼席太熱，客人和藝伎移入空調房，徒留我們這些蹭客遺憾。

最為驚艷的，是某年去京都賞櫻，夜經白川左近，被三味線的樂聲吸引。尋聲而望，原來是白川旁餐廳的二樓，有包廂客人請了藝伎表演。客人很大方，臨街的窗戶大開，不僅樂聲清楚傳出，就是藝伎全身也幾乎能讓窗外看客看得清楚。配置也大器得很，三味線以外，亦有樂箏和聲，搭配正在舞蹈的藝伎，至少請了三位。臉是沒有辦法看清楚的，但也不重要，光是在窗外看見女子優雅舒緩的舞蹈動作，搭配隨風徐來的和風樂曲，就讓人心境平和。甚而身居窗外，有月色和白川流水而過，有藝伎和櫻花可賞，感覺比坐在席上的賓客還要享受幾分。

從前藝伎們不接生客，對於觀光客來說，確實如夢般神祕而不可得窺。不過如今這門行業略顯衰微，也開始為充滿好奇的門外漢開啟了一扇窗。現在不只有藝伎表演劇場可以訂票欣賞，也有各種體驗可以參與，甚而乾脆來整套，入住古色古香的料亭旅館一晚，欣賞由飯店安排的藝伎表演。於是若還對藝伎好奇，莫堵著人追吧，付出一點費用，讓她們的生計可以持續，也讓相機與好奇得以滿足，何樂不為？

舞伎體驗

舞伎體驗

祇園畑中旅館

窩入象工場

旅行時白天的興奮極容易蔓延至晚上，本來就不是早睡的人，趁著有天光或店還開著，總要把能玩能看的都看盡，才捨得去吃很晚的晚飯。飯罷可以散步。即使這時間大抵沒有什麼熱鬧處，京都的夜很適合漫步，哄哄鬧鬧的遊人少了，可以靜心遊逛的地方卻還有。倘若時間稍早，可以去二条附近的町屋群走走。若實在天晚又獨身，六角堂附近的新風館開至深夜，店也新奇些。至於白川通、八坂神社、先斗町、高瀨川都還算人多，且頗有風情，走走也很不錯。

若更晚些，大部分時候就會去咖啡館。固定去的就那幾間，御多福、築地、法朗索瓦或六曜社，無論歷史久不久遠，這幾間咖啡店都是比較老派的地方。偶爾想換換口味，就會去象工場。

第一次去象工場時還是一間默默無聞的店，無意路過，見夜深還營業，店名又有趣才一腳踏入。然而十多年過去，象工場咖啡已經在京都有一席之地，每每提到最高分咖啡，象工場必居前三，這大約是因為老闆烘焙咖啡豆有獨到之處，畢竟店內的咖啡豆大多來自北海道，可並沒有聽過北海道的咖啡豆多有名氣啊。

象工場是很適合讀書的地方，沒有修飾的水泥牆，深木色長桌椅，老式黃燈泡，角落堆著書，書櫃上整整齊齊擺了各種文字翻譯、村上春樹所著的《象工場的 Happy End》。這就是店名的來由了。初時不知道，只以為老闆喜歡大象。轉身才在架上看到書。本以為老闆大約是村上迷，不過這本《象工場的 Happy End》是村上少數書中插畫部分恐不少於文字的書，這樣說起來老闆搞不好是插畫家安西水丸的粉絲。

就是這樣一間安安靜靜的店，咖啡相當好喝，帶著旅遊書、或是乾脆拿下店內中文版《象工場的 Happy End》翻翻，都很愜意的地方。

時光一過十年，老闆專心沖製咖啡的樣子一點沒變，身材或許豐潤了少許，氣質也不那麼稜角分明。我這個老客偶然來京都還是會來坐坐，周遭的咖啡客總是都很年輕，彷彿時光只在自己身上流逝，京都的象工場只停滯在這個時間，連安西水丸都已經不在了，象工場咖啡也不會變動分毫。

象工場咖啡

紫藤花開

櫻花季徹底結束後，就是紫藤花登場。最有名的紫藤花觀賞處，大概要算平等院了。

紫藤的名氣遠遠不如櫻花大，不過拜當紅動漫《鬼滅之刃》所賜，我家小兒也聽過紫藤之名，當知道平等院前那一棚花架是紫藤栽種地時，不是花開季節也要上去合影一番，並表示全宇治最安全的就是這裡了，只要紫藤花開，鬼就不會來（笑）。

身為世界遺產的平等院，擁有的紫藤花也相當不簡單，據傳鳳凰堂前足有四百平方尺的花架，其撐起的四株紫藤有三百年樹齡，乃大齡老樹，清一色的紫花。一般在四月中上旬開始開花，枝藤帶著紫色花朵逐漸往下延伸，到四月底五月初，通常枝子可以成長到一公尺多的長度，遠望整棚下垂的花朵在風中拂動，彷彿瀑布，因此素有紫瀑之名。但這種時候人就很多，不想擠，也可以轉去平等院大門前的花棚。這處的紫藤有白有紫，雖不是老藤也栽種有年，枝子沒辦法長如垂瀑，但勝在無人，人全擠在鳳凰堂前了。

若是不看花，或是沒碰到時節，也不要輕易錯過平等院。

興建於西元一〇五三年的平等院，原本規模據信有半個宇治大，來頭還不是如天龍寺那般本為天皇離宮。擁有者是平安時代一位具有攝政權的關白（公卿），其權力可叫天皇換人。這位大人的兒子大約一心向佛，將其父的別院改成佛寺。流傳至今，當年修建且保存非常完善的阿彌陀堂（鳳凰堂）成為重寶。且不說此堂集盡當時工匠大師的心血，更難得是歷經千年不受天火兵災，讓人得以窺見當時最高藝術水準。參觀鳳凰前的一系列措施在日本也屬難得，不但有人數管控，過橋進堂後不只要脫鞋，不能攝影，也不能觸碰任何東西，參觀時除了導覽員說明外，安靜無聲。得以靜心細觀堂內數十座各色佛像，縱使對佛法不深解，一時也頗能感受法相莊嚴。

院內後方的博物館也很有可觀，不只展品，陳列方式亦有禪意，懷古賞今，俱能思幽。參觀最後順著平等院後牆一路走回大路，又可好好欣賞平等院牆之美。莫怪為宇治第一大點，不來平等院，莫說來過宇治呢。

平等院

品抹茶

身在宇治第二件該做的事，便是品茶，品抹茶。

早年來宇治的人多半直衝名店中村藤吉，直到京都也能吃到，以為這下宇治中村熱可以退燒。不料中村藤吉按季推出元祖店限定餐品，內容物大同小異，裝飾的器皿或擺設方式略有出入，便讓人趨之若鶩，實乃行銷能手。

不過名店確實有料，抹茶店賣的不只是杯濃茶，也有將抹茶粉和入麵粉的冷熱蕎麥麵，更不用說抹茶凍、抹茶挫冰、冰淇淋甚或大福蕨餅和最中了！食客滿足的可不見得是味蕾，全都先餵相機，將抹茶湖翠的色澤拍得猶如寶石，這才心滿意足地開動。沒辦法說蕎麥麵之類麵食混入了抹茶能提味多少，但將其融入甜點，確實甘苦平衡，香留唇齒。

來過幾次，慢慢就會想在路上找新鮮。在宇治散步很舒適，有種在西陣散步的閒散，視野上又比西陣開闊。走在路上就會發現宇治茶可不只一處。中村藤吉雖最有名氣，我卻比較偏愛伊藤久右衛門出的茶。也有專賣和菓子的店，主推抹茶味，比如大茶萬。賣的是老派點心，果綠色抹茶饅頭上燙了一個精緻的茶字，又或莓大福上灑滿了抹茶粉，都很招人喜愛。大茶萬的水無月。雖然濃綠的糕上綴滿紅豆，大約沒辦法在社群媒體上擔當網紅一職，但極糯而清甜，又滿是豆香，甚對脾味。

不愛甜食的可以試試豆匠屋大忠，傳了四代的小店，沒有什麼門面，主要是批發豆腐，兼賣些副產品，比如豆乳霜淇淋或甜甜圈，味道不輸錦市場的名店。不過來豆腐店當然是吃豆腐，來宇治我總要特別彎到這，站著吃一盅特製的抹茶豆腐，吃時澆上一杓淡醬油，入口綿密，滿是黃豆的濃郁和茶味的苦甘，別處吃不到。

宇治不大，走一圈已經吃飽喝足，可以再去源氏物語博物館感受科技與浪漫交錯，也可以乾脆來全套，再參加一場茶道體驗。不過我還是喜歡沿著宇治川走走，貪看河水奔流過優美的宇治橋下，享一場獨屬此間的悠然。

中村藤吉

伊藤久右衛門

大茶萬

豆匠屋大忠

獻冰祭

奈良相比宇治，那要是更具觀光和古味的小城。舉凡東大寺、二月堂、春日大社、五重塔，全都是響噹噹的國寶古蹟，更不用提滿街跑著的鹿，天生的觀光大使，不只吸引孩童，就是大人都忍不住要逗弄一番。這其間卻都不是我的私藏愛點，一處很小很不起眼，儘管位於大道上卻很難引人關注的小神社，冰室神社。

因為沒有名氣，我也是偶然發現這一處就在奈良市立博物館對面的小神社。起因是為了櫻花。那年的櫻花特別晚，奈良繞了一圈覺得花景不怎麼樣，待要離開時無意發現這神社內的一株老櫻花開得又大又好，長長的枝子直要垂到地面，站在其下仰頭張望，彷彿全身都籠在漫天櫻雪內，滿是靈氣。突然得見一樹櫻花的震撼十足，因此記下了這個地方，算做私人賞櫻地。一次過了櫻期，想著來看看葉櫻也無妨，結果碰上了獻冰祭。

日本神道教諸事皆可成神，冰室神社就是一個專門奉祀製冰之神的地方，庇佑所有製冰、冰品行業。雖然是頗偏的神祇，不過小神社的歷史也有千年。理論上為製冰之神慶祝應當要在大熱的暑天，不過幹製冰這行的夏季最忙，不得已定了每年五月一日，天氣將熱未熱之時舉行獻冰祭，活動不多，主要就是神官拿著一捧冰祈福。祭品稍微特別，是把活魚鮮花一類凍結在冰塊中，冰柱似地立著，光看就感覺清涼。

不管是春櫻還是初夏來都好，都是清清靜靜的小神社，碰上奈良人實在多，來這裡總能找到一分自在。二〇一四年後，單純的獻冰祭擴大舉辦，添上了叫白雪祭的新鮮事，並不和獻冰祭同一天，總在獻冰祭後一週，找齊在京都一地或更多的剉冰商家來共襄盛舉，熱熱鬧鬧地把神社搞成嘉年華會，人人面帶笑容手捧各色冰品大啖，瞬間將暮春演成盛夏。

我自然是偏好安安靜靜的神社，不過啊，如果身為是製冰之神祭典當然是要如此慶祝才好，眼見每個人的開心地吃冰，感謝天賜清涼，製冰之神應該也會心滿意足才是。

冰室神社

大山崎山莊紀行

旅中抽半天去市郊走走，可以泡溫泉、可以品地酒、可以賞花，當然，也可以去美術館。這時不妨去大山崎山莊，論展品有莫內的〈睡蓮〉，論建築有安藤忠雄的「地中館」和「夢之盒」，也不差什麼了。

來大山崎，要走一小段山路，路程好走，花費大約十多分鐘，就算是五體不動的城市鄉巴佬如我，走來也不辛苦。沿途綠意如畫，遊人稀少。大部分來此是為了看看安藤忠雄的建築。

平心而論，雖說安藤美學在建築中創出蹊徑，但以實用性來說，有些欠奉。若拿來居住堪比受苦，建築師本人都自陳不會入住自己設計的房子。若拿來做展館，大部分的狀況會奪去展品的光彩，頗為喧賓奪主。最好只將它本身當作一件單純作品，可如此又實在太浪費了。大山崎中的地中館展畫，卻是少數見過極能將莫內名作睡蓮系列襯托出氛圍的設計。牆面簡潔，燈光幽微，恰恰將印象畫派的一汪睡蓮襯得如夢似幻，彷彿在月色下散步，正好望見一池蓮花。，但展品就被建築本身的氣勢碾壓，逛完只記得建築，其餘一點印象不剩。

大山崎山莊並非只有安藤可看。各色展覽不論，山莊主建築非常歐派。當年的起造人加賀正太郎之所以在此建山莊，就是為了這裡可以眺望桂川、木津川和宇治川三流交匯，足以讓他懷想求學倫敦時的泰唔士河畔美景，雖然兩地景觀相差甚遠。目前在山莊主樓的二樓咖啡座，確實可以看見三河匯流的麗景。

有此前提，山莊本身從屋宇到花園（花園亦相當值得一看），都是英倫風情，大概為了能巧妙融合，安藤的設計便半埋藏在地下，成為地中館。

不過不管是建築還是展品，來看過一次，可以了。真正能令人時常想回訪的，還是山間四季變換的風情、是一路走上山間尋幽訪勝的意趣。每每想到大山崎，響起的回憶之鈴常常是晚春仍在莊前的半樹櫻花，是回眸時早紅的幾枝楓葉。是一個這樣的地方，總以人力雕琢烘托出自然的姿態。想想，這不也就是京都最引人入勝之處嗎？

大山崎山莊

葵祭　上

每年五月十五日就是葵祭舉辦日，號稱京都三大祭之一的葵祭排場很大，如同其他祭典一樣有販售觀賞席，不過僅安排在出發地京都御所和結束的上賀茂神社。遊行的路線很長，時間也不短，拍完開頭就可以直奔中停站下鴨神社預備，拿出長鏡頭好好等待。

我們畢竟是來蹭的遊客，一時沒有想那麼多，以為既然葵祭亮點是身穿平安時代服裝的五百人眾遊行，路線從京都御所經丸太町往河原町，再往下鴨神社過北大路到上賀茂神社。那麼在這八公里路段的哪裡等候不是都可以嗎？何況沿路都有人在等，拿著板凳撐著傘，粉上得挺厚的日本奶奶、戴著帽子拿手帕擦汗還背著各種鏡頭的叔伯爺爺，都安靜地在路邊等待。

歷史近一千五百年的祭典，正式名稱是賀茂祭，因為皆以葵花葵葉作裝飾，才又名「葵祭」。據說是為求一年春耕秋收順利，讓皇族公主身著十二單衣以「齋王代」（齋王女）的稱號乘神轎慢行至神社。除了浩蕩人數，還要搭配馬三十六匹、牛四頭、牛車二駕才算完，光是隊伍就夠拖上一公里，宛如錯置時代的平安繪卷，是暮春初夏有名的京都風物詩。

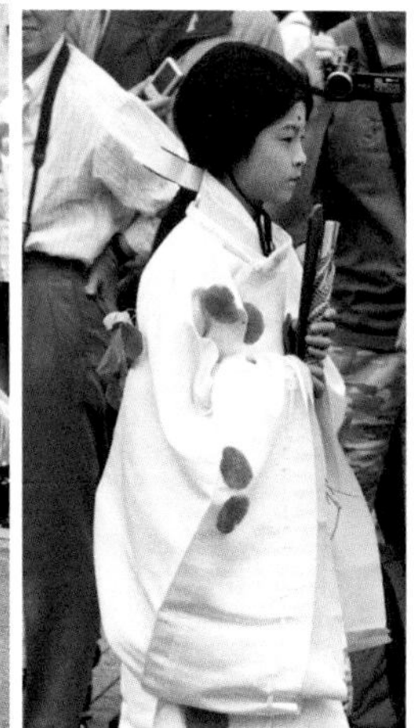

P
自転車出入口
自転車出入口

想像中非常美的情景被早熱的晚春燒得無影無蹤，在烈日下等待遊行眾人的到來委實是件苦差。等到五百人眾攜牛騎馬推車步入眼簾，與印象中整齊畫一的隊伍兩樣，漫長的路徑讓原本浩大的聲勢脫了形，天氣熱得每個人都低頭悶聲往前走，耳上夾著的葵花葵葉都在日照下奄奄一息。可還不算完，我們畢竟要等到最重要的齋王代出現，漫長的隊伍沒完沒了般，京都盆地的悶熱讓心躁緩緩直上。直到可愛的平安時代小童出現在畫面間。

啊，這麼小的人，穿著這麼厚重的衣服，在烈日下走著，要走八里路哪。這樣想著就不由佩服起來，再想到齋王代雖然是坐車，但身上的十二單衣足足有三十公斤重，不熱壞也要被壓壞吧？深深覺得了不起啊，果然不是我能做的事。就這樣燠熱的心態平靜下來，可以從容看著每個拖著步子慢慢走在要被烤化柏油路上的平安人群。

「所謂節日不是一下情緒高漲起來，一下子就結束掉的。」村上春樹曾經這麼形容日本慶典，葵祭大概就是這種典型，一種反高潮式的慶典。果然能稱上是風物詩呢，每一個細節、服飾、妝容都極其講究，在二十一世紀展示出八世紀的容貌，這也是古都才做得到的事吧？

葵祭　下

葵祭的遊行隊伍會在到達賀茂御祖神社（下鴨神社）時暫停，然後展開二小時的儀式活動，直到下午兩點半左右，才會接著往上賀茂神社前進。前往上賀茂神社的這段短短的路程，通常也要花費一小時，五百人的移動果然不是小事。

在下鴨神社停留通常是為了舉辦「流鏑馬神事」。流鏑馬就是身著武士裝騎馬射箭，當要連破三塊木板為最佳。在糺之森（糺の森）舉辦的流鏑馬因為在一片野林中，倒是非常有平安氣氛，比在大街上違和的遊行要來的精彩。如果喜歡熱鬧，又不願意在太陽下等遊行。直接按時間來下鴨神社等遊行進場，再看氣氛上兩樣的流鏑馬，應該是較佳的選擇。流鏑馬也有不同形式，不騎馬只射箭的也有。等主場轉到上賀茂神社，還要進行「競馬會神事」，也就是分兩方賽馬，騎士要著武士裝舉賽馬箭衝刺。本來這兩件事應該都是葵祭的前導，不過我碰上的那年都在十五日舉行了，也聽說過流鏑馬神事和競馬會神事同個時間段舉辦，讓人硬是只能擇一觀賞，大約舉辦儀式也是要看日子吧？總之葵祭前的活動相當多，有心來看要先打聽清楚為優。

擠在人群中看弓馬展示，上場的有老有少，也有戴著大眼鏡登場的，然而縱躍之間，還是頗能眩人心神。騎與射皆是君子六藝，雖然是在東洋得見，大約也可藉此遙想從前古人風采。流鏑馬非專屬葵祭，日本各地許多神社祭典都能看到，但且不說現場人群的屏息、馬蹄的錯落、儀官的指令帶來的莊肅，便只單是伴隨糺之森獨一無二天然的況味，葵祭就令人重入平安時代。

葵祭過後白日的炎熱感直線上升，京都之夏要來了。

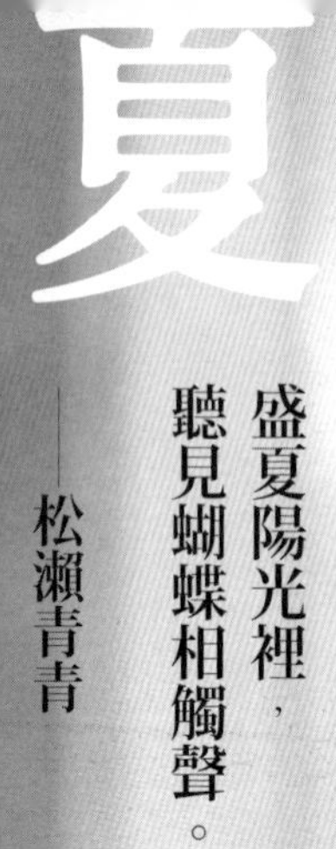

夏

盛夏陽光裡，
聽見蝴蝶相觸聲。

——松瀨青青

京都躁

盛夏的京都大體是相當炎熱的，不僅熱，因為是個大盆地，還溼，就是長長梅雨季過去，水氣還沒有散盡地那種悶。那樣悶熱的天，火爆脾氣很容易被自家的不定時炸藥炸壞。日本的神社最令媽媽頭痛的，大約就是鋪滿了小石頭這件事。只要有差不多年紀的孩子出現，就很難不會看到小朋友蹲下來玩石頭的畫面。而在京都的一路上，只要是在神社裡，我就無法避免和小兒拉扯吼叫讓他不要玩石頭（石頭到底為什麼那樣好玩？）。

明明帶去參觀大部分的神社寺院表現都還算可以，但是，碰上神社外的碎石子地就不行了。小男孩對細沙碎石似乎有天然的喜好，起初看他蹲著摸摸石子也就算了，可再然後又把石子堆成小堆兒可不好。制止了後他乾脆跑起來，跑沒什麼，卻把石子踢上了，一腳一片飛沙走石。我只能次次耐著脾氣把人逮回來押在身邊。

寺廟常點的蠟燭也是京都燥的火源。帶小人參觀三十三間堂，三十三間堂的一大特色是每年一月會舉辦少年男女二十歲的射箭成人禮，射程約莫是三十三間堂建築整體的長度。這源自從前武士的馬拉松式射箭大賽，據說當時箭手們是不眠不休的射箭一晝夜，最高紀錄是單人射中箭靶近萬支。二十四小時內射出一萬枝箭，平均每分鐘射將近七箭哪，這究竟怎麼做到的呢？

小人一起讚嘆完了就留意到三十三間堂滿屋真人大小的各種羅漢觀音像。密密麻麻排在屋內，差不多有上千尊。即使很習慣廟宇，實際見到也會大吃一驚。小人看得恍恍忽忽，不一會注意到神佛前面成排的蠟燭香油。日本寺院蠟燭是白色的。只要供奉一點香油錢，就可以取一根蠟燭點火奉上，算是祈福。小人在我同意下點了一根蠟燭，卻是打算順勢把其他人點上的蠟燭一起吹熄！

赫！還好我也學著當媽媽九年，早已練就眼明手快，立馬拉下他摀住嘴巴，救了旁人的祝願同時燃起胸中怒火。

三十三間堂拿來舉行成人禮是多麼高瞻遠矚，沒有到年齡的小人果然就不該進來啊。

三十三間堂

漫步鴨川

我不會用美麗來形容鴨川，不過幾次來京都後，不由自主就會想親近這條河，步行過四条大橋時會想停在橋上看看，也許是看已經搭起來的納涼床，也許是搜索河中的生物，偶爾看看河邊悠哉度日的人們。也會起心動念租一部腳踏車沿著鴨川馳行，觀察鴨川有幾處住了水豚君，有幾處大魚會逆著河流聚集在一起。

但凡在川邊上慢下腳步，就會覺得自己也是在這裡生活很久的一分子。也許是人本就親水，看到河流便想到母親，只要城市有條河經過，便是如詩如畫，比如塞納河、比如多瑙河。但其間還是有點不同的，鴨川太庶民、太日常了，於是走向它倚著它都變成再正常不過的事。

有時我會從出雲阿國像開始走起，一路順流而上，走得漫無目的，大約是為了想不做為一名觀光客走在京都。沿路總能看到有人躺在長椅上小憩，或青年男女鋪著毯子在河邊野餐，那肆意總會提醒我，下次也可以如法炮製，帶塊野餐墊在樹蔭下鋪著，備好飯團、唐揚和啤酒，享受半日微風。偶爾也會有人騎乘腳踏車從我身後追過，不管是幾歲的人，都感覺青春。差不多走過了出柳町，再多走幾步就會到植物園。

若是夏末時候，那就轉進植物園，去看那一池塘的荷花。若是已經入秋，大約會換個方向，逛逛另一邊的惠文社，再去「Trois! Trois! Trois!」喝杯咖啡。

當身邊的伴侶幾經轉換變成小兒後，我依然帶著他走著舊路，但注意已然完全轉變，我們停下步伐專注觀察水豚的時間大幅提升，小兒每每都能從大橋上便認出水面上冒頭的身影。野餐也有伴了，覺得野餐就是能在草地上打滾的小人以無比熱情參與這件事。若等時光再多轉一點，大約便能一起租成人腳踏車晃蕩，也許到那時，他會更樂意陪著媽媽探索川邊的店家。

有的時候沒辦法只把京都當成一個旅遊點，總會覺得還多一點別的，多一點生活，多一點人情，多一點溫暖。也許就是因為鴨川吧。

需心靜

入夏的第一件事，就是納涼床開業。

每逢夏季，沿著鴨川一側的餐廳酒吧紛紛推出納涼床，這是京都夏日有名的風景，在鴨川邊上架起高高的架子，沿著上木屋町、先斗町、西石垣到下木屋町連綿不絕，都是納涼床的範圍。本來早年納涼床要到六月才算正式推出，但越來越熱的氣候，讓納涼床提早開始。比如二〇二四年在五月一日就能坐上納涼床，而且一路延長到十月都有得坐。這樣聽上去，納涼床果然是消暑利器是吧？

納涼床又名川床，就是架在河川上的台子，但我覺得不如把這兩個詞分開看。鴨川寬闊，基本上很難真的在河面上架台子，所謂的納涼床其實是在河岸上砌高架，人在架子上看河可以，架子正下方仍然是堅實的土地。和貴船真正在小溪上架床，溪水潺潺在臀部下方流過是兩回事。換句話說，納涼床就涼個名字，實際一點都不清涼，在其上用餐要有心靜自然涼的真功夫才行。

試過一次在盛夏的納涼床上吃飯，隔壁是燒烤餐廳，煙大味重不說，怕蚊蟲，店家還貼心地點上蚊香，再很有情調地給了我們一人一把紙扇，吃個飯五味雜陳，汗流浹背不提，手搧扇子還酸得很。後來就懂了，沒有什麼納涼床比得上冷氣房，要圖涼快就好好在餐廳裡坐著吧。

京都人也懂這個道理，你看這不就提早開始又延後結束了納涼床的時段？要真切享受納涼床，便要如我一般五月就登門，過了這時節十月再訪也可，這兩時候夜涼如水，月朗星稀，才真正好在河邊納涼。又或頂好是白日下過雨，暑氣消掉大半時，挑間開到極晚的店家，夜中才進。點一份涼食，冰豆腐握壽司蕎麥冷麵皆可，配上一盞茶或幾盅酒，好好和友人賞月吹風，一把夜話，那也是極有情調的。或是洋氣一點，到三条大橋的星巴克，那裡也備有納涼床，去搶個座位，在月色下舒展身心，可是花點小錢就很享受的事呢。

納　涼　床

神之森

因為糺の森的存在，讓舒國治先生盛讚京都乃是氧氣都市，也因為這片野林，讓城市有森林亦不是妄言。這片糺の森，就是高野川與上賀茂川交會的那塊三角前端，前往下鴨神社時必要先經過的那一大片雜木林。

京都許多地方可以追櫻賞楓，其中高低難分軒輊，但若是要說沉浸在新綠中的第一首選，我一定會答糺の森。這片充滿聖靈感的神之森林。並非一般大都會特特種植的公園花木，三角洲上的林木皆是原生林，之所以不被破壞，猜想很大一部分原因是因為這塊區域處處是神社，從入口不遠的河和神社起始，一路行經各色迷你神社群，直至抵達下鴨神社。這片野林的後端包裹住了下鴨神社，與人居處涇渭分明。神社群自然而然形成神之領域，儼然神聖起來，野林大約因此也不受人為侵犯，完整的在京都中心留下了神居。

第一次踏足糺の森時正逢葵祭，人太多，尚無法好好感受，連下鴨神社都彷彿不美起來。捧著一肚子莫名其妙回去，心想所謂的神聖森林也不過如此。然而這非常態，此後再訪三訪、四訪五訪，演變成凡來京都便要去糺の森走走，概因此處空氣過分新鮮、過分高氧，走於其間有氧醉之感，身輕體鬆，舒服地提不上力氣。

然我想這分神妙不純粹歸於芬多精，或許真因為此處有靈之故。畢竟偌大森林，枝繁葉密，雖參道極為寬闊，但陽光真真只能以灑落來形容，即便盛夏也不見日光鋪地，照理難脫陰森之感。但此處並非如此，哪怕是陰天不見陽光，這裡都有種奇妙的靜謐，彷彿真的有神暫歇，一切空靈，獨身一人也不覺恐怖。初夏來此更能見枝頭新綠，他處看青楓新枝，不過能說玩賞。唯有此處，置身其間便是被新綠團團包圍，可謂沉浸式新綠的初夏感。

然此處順應時節，秋日來看，葉片由紅而黃，亦是好景。只不過總能感受一兩分極盛過後將來的寂落。因此我獨愛新綠前來，萬象新生，這片森林亦是要在淺翠濃綠的映照下分外有靈啊。

糺の森

相遇狐狸大神

暮夏的京都並不清涼，但若偶然一場大雨落去，暑氣散去，就會顯出將入秋的一點蕭瑟與涼意。正是在這樣的日子造訪千本鳥居，那條馳名京都的紅色甬道。剛入千本鳥居處的鳥居顏色還十分艷麗，是新鮮的朱紅色，與尚濃綠的樹木相映相襯。夏末的觀光人潮並不太多，鳥居開始時還有刻意穿著和服的年輕女孩在這裡拍照，嘻嘻哈哈。越往上走，遊人漸稀，慢慢一個人也沒有了。路上僅餘為還願奉納的鳥居相伴。據說鳥居與日文「通過」發音近似，才讓信眾以捐鳥居來還願。我正「通過」一座座鳥居，若這全是還願者的感激，這裡的狐狸大神想必十分靈驗。

伏見稻荷大社是全日本稻荷神社的總本社（大約類似總公司之意），奉祀的是稻荷神，也就是稻穀之神，本意應該是稻穀本身，形塑出的意象卻是狐狸。大約因為古時的狐狸善捕偷食穀物的老鼠所致。有說狐狸就是稻神的化身，也有說是稻神的使者。但不管如何，現今任何一處稻荷神社，都能見到狐狸塑像。伏見稻荷也是如此，本殿門前便是一對狐狸睥睨俯視。但往千鳥居的路上沒怎麼見到，只是越往上走，鳥居的顏色漸褪，由朱紅變成緋色，顯出兩側的荒煙蔓草。明明是晴朗明亮的正午，山路上卻清幽而陰森，處處陰涼，沿路開始有小處狐狸神像聚集，每尊狐狸大神都有著詭譎目光，在無人的山道上，曖昧的日光下，森森發涼。

到新池前狐狸像一尊尊出現，或大或小，或新或古，都用那雙略顯陰森的眼神朝我望，彷彿問我這凡人為何來此。莫名恐怖起來，有種禁入墳場的感覺。原本預備要拜山一圈，走到諸神降臨的一峰看看的念頭就此消散。拜山幾乎不能算開始就落荒而逃了。

我仍然惦念這不算開始的稻荷拜山，雖然沒有關門時間的伏見稻荷神社通宵敞開大門，但何時才會攢夠勇氣，就很難說了啊。

伏見稻荷大社

五百年前的蕎麥麵

京都之所以特別，主要原因之一在於長時間都在太平狀態，許多文物建築得以完整保留，是以古蹟處處。然最特別的一點反倒不在於這些神社寺廟，而在於老店眾多。京都之古，就是明治年間創立的店都還不能言老的程度。別的城市飲食店一開百年已然很了不得，然而在京都百年算什麼，就是千年的店也有。

日本有十九家企業聲稱自家存在超過千年，其中唯一為飲食店的就是京都今宮神社旁的一文字屋和助，賣的是あぶり餅，也就是烤糯米糰子，用竹籤串成手指頭大小，軟糊糊的。大約是拜以消災除病聞名的神社之賜，來客都要來

吃吃沾了香火的糯米糰，以致於一文字屋幾乎是與今宮神社並存至今。因為是純糯米當日現做，只能現烤現吃，至今仍是獨此一家不外賣。雖然沒有千年那麼久，但一文字屋對面搶生意的かざりや也有近四百年，賣的東西可說是一模一樣，還真是老對手。

暑熱胃口差，烤年糕糯米之類的可能吃不下，那麼可以來碗清涼的蕎麥麵。

說到蕎麥麵就應該去本家尾張屋試試。當然，也是間地道老店。我本人雖然不是蕎麥麵專家，難以單就口味評定，不過本家尾張屋據說是應仁之亂那時候開的點心屋，也就是差不多西元一四六〇年前後，比かざりや還長壽。據說店鋪原本位在舊時尾張國（現今愛知縣一帶），是應皇族之邀才來京都開店。雖然對皇族邀約一說存疑，但至少在當時應該是很美味的店。目前數家分店中以二条城本店歷史最悠久，是明治年間建造的町屋。

這樣老店想試逃不了要排隊。本家尾張屋是以蕎麥點心起家，或許可以先入門買一手點心再排隊，邊吃邊等。招牌的寶來蕎麥麵套餐，視覺上噱頭十足，以漆木盆層層疊疊放了蕎麥麵條，其中一層則放上各種佐麵的麵碼，把簡單的麵條提升出變化滋味。

香氣和嚼頭都到位，但真正加分的還是小巧的庭院。搭這景配麵，確實很有點意思，若要來試又坐在能眺望到庭院的位置，頂好點一份最普通的蕎麥麵就足夠，這麼樸素方配其歷史氛圍。別的不說，作為觀光地點還是很可以的。

和古人共用一份餐的好地還有宇治的通圓茶屋，豐臣秀吉和宮本武藏傳說都去過。雖然說人活著就得吃，但能吃得這麼有感，京都恐怕是頭一分了。

本家尾張屋

可以爬上京都塔嗎

素來喜歡登高，到每地見有特別突出的高樓，大約都會想方設法登頂看看。奇怪的是從第一次獨自前往京都至今已有二十年，卻從來沒想過京都塔是可以爬的。大約京都與登高在臆想中並沒有關連，即使多次以京都塔為主角拍攝，腦海中卻從未跳出要不要上去看看這個念頭。事實上能不能上去都毫無概念。直到小兒天真地指著京都塔問可以上去嗎？這才動手一查。

原來京都塔不只可以登高望遠、還可以入住購物，最妙的還可以在這裡洗澡，因為有個大浴場身處其中。

登高的過程平平無奇，和其他高點相比，電梯的速度甚至可以說是緩慢。這大概與其建築結構相關。只要稍微思考，就會覺得京都塔處處透著神祕。與京都塔差不多同期的東京鐵塔是半開放式鋼骨結構，照理說這樣架設比較容易，安全度也高。但京都塔卻採用完全封閉的圓筒造型，大部分的承重落在外牆上，塔內沒有實質的受力結構。為什麼在地震帶上卻要如此設計呢？大概也確實要顧慮安全強度，京都塔的高度就不過一百三十公尺，約只到東京塔的三分之一。退一步想，也許這是為了造型而做的妥協。但這就引出另一個問題。京都塔

オリジナルウェデ

總之，圓筒的腹地狹窄，動線凌亂，瞭望台空間有限，都可以算是因這樣結構衍伸出的後果。不過氣氛上倒是毫無疑問很歡樂，為了趣味，狹小的瞭望台還硬是擠出空間弄了迷你京都塔神社。雖然覺得訝異，不過想到京都名店壹錢洋食，也在自家店門口擠出一迷你空間搞了壹錢大神神社，這大概是京都人特有的幽默吧？

雖然和其他的摩天大樓群比起來京都塔就是小矮個，但勝在京都盆地基本一片平坦，京都車站前後整體樓房幾乎都在五層樓以下，京都塔便完全是巨人般的存在，視野良好。搭配免費使用的望遠鏡，可以看得老遠，清楚地找到已經探訪過多次的京都名勝。若以此來說，對京都尚不熟悉時，先別登塔才好，趣味會少許多呢。

京都塔

寂靜水族館

先斗町早年算是京都的花街，現在雖然還有藝伎在此表演，但性質和價位上已經和花見小路一帶的風情大不相同，窄窄一條通道上櫛比鱗次的店家，清一色是飲食店，各種料理都看得到，有極奢侈的豪華料亭，也能找到價位合宜小餐館，算是京都餐飲一級戰區。即使不用餐，光是來這條細小的巷道走走，也能充分感受京都風情。原因無他，兩側都是傳統的木造屋宇，掛上各色暖簾竹幕，極窄的通路上還擁擠地搭配店家招牌，如果再配上幾個和服女子穿梭其間，就是妥妥的京式風情，非常迷人。

不過白天來這裡還不得其趣，秉承花街慣例，這裡的白天沒什麼意思，店家營業的少，遊人只能匆匆來去，一條五百五十公尺的巷弄俱是寂靜。入夜才是人流出現的時間，招牌紛紛點亮，還有點天光時候的光影最好，不少攝影人在熙來攘往的遊客間取景，就是一條這麼有魅力的巷道。

初夏來先斗町最好的安排，就是去先斗町歌舞練場看一場每年五月才有的鴨川舞藝伎表演，然後找間好餐廳痛痛快快吃一頓，再去看看路地水族館，最後挑間有納涼床的酒吧晒月光。

水族館？之中最格格不入者。路地在日本漢字的意思是建物間的狹窄小路，路地水族館就是一間窩在先斗町後巷的水族館。水族館的擁有者大約某日突發奇想，將自家家養的水族們以各種漂亮的缸子裝盛，用高矮不一的架子排列在後巷，張貼了「路地水族館」的名字，免費讓人參觀，一來把家中空間清出，再來不收費大概也就不會被鄰居抱怨。當然以上純屬胡說，但實際來看，的確就是一個這樣可愛的水族館，魚種不多也都平常，但入夜打了燈，透過流彩四溢的玻璃缸，活潑潑的小魚在平時陰暗的後巷闢出夢幻童趣的空間。正因為這樣迷你的水族館如此不合時宜地躲在燈紅酒綠的一角，特別吸引人。導致每每行經先斗町，不分晝夜，都要來此間張望兩下。

不得不說，果然是先斗町，分明無論何時都很可愛的水族館，承襲慣例非要在夜裡看最為緋麗。這也好，酒足飯飽之餘還可以來這裡清清視野，歇歇心靈，也是來先斗町的幸事啊。

路地水族館

攜子入社寺——金閣寺、御金神社

雖然很想說京都萬般好，但帶孩子出遊，實不是上上選。雖然也不是完全沒有吸引孩童的地方，不過對大抵來京就是想看四季時節神社廟宇的主流觀光客來說，帶七至十歲的頑童來這些地方，無疑自尋磚頭砸腳。然我就是搬磚頭的那個，獨自帶了九歲的小兒在京都浪蕩兩星期，一口氣看了二十多間參拜處，尚算能獲得小兒配合，友人深覺頗值得一寫心得，是以野人獻曝一番。

首先是投其所好，逛神社什麼的自然不會是一般小孩兒的喜好，但我家小兒是個隨便就能鑽進錢眼子的人，要是哪處看起來金碧輝煌，一看就是費不少錢的地方，他就有興趣了。這時頂好帶

去京都最闊氣的寺廟，金閣寺。就說吧，一間貼滿金箔的寺廟能不費錢嗎？光這麼說就能哄得小兒眉花眼笑，開開心心看完日光照射下金光閃閃的金閣寺，再又到寺廟門前敲鐘，又扔了一把銅板許願。此時趁勢和他講解一番金閣寺三層建築各自代表的意義和細節處的不同，順帶提提三島由紀夫的小說，聽不聽得懂另說，小傢伙能記下七八成。

再帶去御金神社。這下他就要問了，這神社又小又偏，來幹嘛？「傻孩子，來拜財神啊。」

御金神社拜的是掌管礦物之神，金屬，尤其黃金當然也歸他管。於是雖然是間小廟，鳥居卻不成比例的大，還漆成金色，在在彰顯此處的不同凡響。來這求財要去手洗那邊拿竹篩洗錢，真真正正把紙幣銅板過水，然後存進銀行或乾脆花掉，據說都有效。當然買個銀杏葉狀的繪馬許願更是必然。隱藏的求財法是找神官買財布（錢包）裝錢，更不用說母子倆站在一大堆御守前挑三撿四，銀杏果狀的媽媽喜歡，小錢包狀的兒子不肯撒手，各有所愛。此處御守並不便宜，和他處相比要貴上三成，不過求財總要誠心嘛。

踏出御金神社小兒總算動了動腦，計算起一共花了多少買御守財布繪馬，再在日幣台幣新幣之間換算來去，唬了一跳：我們哪有求到財，明明是花了不少出去嘛。

金閣寺

御金神社

攜子入社寺——清水寺、安井金比羅宮

經典的東山區一日，早晨大約可以從建仁寺開始，一路步行探看安井金比羅宮、高台寺，再順著八重塔一路往上，去庚申堂拍拍猴兒串，順行二、三年坂一路吃買逛，直到清水寺。回程再走寧寧之道，彎去圓山公園處，先到長樂館歇腳，再從公園轉出八坂神社，剛好可以去看傍晚的白川和花見小路，最後在祇園，或走遠一點，去先斗町或四条河原町晚飯。正正好一日走完京都最精彩。不過這不適用小孩。帶小孩行程就得再三刪減。

建仁寺看龍壁畫，高台寺見方丈庭，對小孩陳義太高，但安井金比羅宮可以。問問小兒學校裡有沒有特別討厭的人，又有沒有特別喜歡的人。得到答案後咱們就去斬惡緣吧。

安井金比羅宮是祭拜一刀展斷所有慾念的崇德天皇，進而衍申出斬斷世間所有惡緣並結下良緣的寺院。京都這處因為有塊緣切緣結碑，吸引相當多人來試驗。這碑有確切的儀式參照，最為適合叫小兒依樣畫葫蘆。首先當然要參拜，再取一枚「形代」（代表自身的白紙）寫下想斷的緣和想結的緣，最後拿著形代，往緣切緣結碑下方的那個小洞爬進去。先是從外往內鑽斬惡緣，再鑽回來結善緣。最後把形代貼在碑上。大

鑽完洞往清水寺走，若是帶的小女孩兒，大約可以在二、三年坂停滯經年，不過我帶的是小猴兒，對吃逛買都沒興趣，只能在庚申堂讓小猴和小猴拍拍照，就得要繼續往清水寺走。清水寺乃京都地標，不來未免不像話，於是只好大話開講。告訴小兒清水寺後的音羽泉乃名水，其味清甜，亦是寺名由來。一共三柱由上飛下，需得費力伸竿去取一杓來飲。分別可求愛情、健康、事業。據說一次只能選一柱喝一口，多喝便都沒效，大約是勸誡人不得貪心。

所以哪一柱是求學業的？他問。

這可不知道，恐怕得在寺裡逮一個僧人來問。小兒一臉苦惱，然後還是拿著長竿隨眾顫巍巍地各取一口飲。「我喝三口可是只求功課，不貪心，菩薩會明白的。」

清水寺除了清水舞台也可講講外，另有隨求堂，供奉的能滿足各種願望的大隨求菩薩，隨求堂這個名稱就是由此而來。來此必做的是「胎內巡禮」。隨求堂地下意喻為菩薩胎內，既是胎內自然無光，信眾需於漆黑中以手摸牆前進。牆壁嵌有佛珠，順行摸去若是摸到刻了有字的，據說就能受庇佑。不過小兒黑暗中緊緊抓著的可是媽媽的手，大約對於九歲的孩子來說，最好的庇佑還是來自媽媽吧。

安井金比羅宮

清水寺

攜子入社寺——下鴨神社群

再文靜的孩子都需要放電時間，這時候最好帶去比如京都御苑一類的地方，不過若是盛夏怕晒，就去下鴨神社前的那片神之森林吧。瘋完跳完吸飽了芬多精，進入了「氧醉」狀況，就可以去看神社了。

首先從河合神社始，河合神社被囊括在下鴨神社的境內，是神社群的首站。占地不大，掩在樹林間，供奉玉依姬命，自古便是守護女性的安產、育兒、結緣以及美貌的神祇。不過現如今被記得的只餘美貌一項。這個日雜誌稱為「女性能量景點」的神社廣受歡迎的就是鏡繪馬。不似其他地方的繪馬要寫下心願，鏡繪馬上有著基本人臉，另提供一間「化妝間」擺好各色繪筆，請信眾自行為鏡繪馬著色繪圖，畫成自己想要的容顏，便算是許願了。

小兒對美醜沒什麼執念，但畫畫可以啊，能拿著筆在感覺嚴肅的神社隨便塗寫，對小孩是新奇的體驗，於是畫完了鬼畫符後當媽媽的只能暗自祈願不用太靈驗，以後長成那德行可不太妙。

買了一瓶「神之水」（其實就礦泉水），一路走入深林。河合神社到下鴨神社之間，還有幾個名不見經傳的小神社，並不是太莊肅的地方，倒是很可以一個個細看過去。有一處從神木流水而下，聚集成一小池，說是收集廣闊神木林得來的垂水；又一以木色搭建成簡陋的鳥居，但看起來似乎是比較古遠的神祇。這樣說是因為彼側是一座簇簇新的小神社（雜太社），豔紅發亮，奉祀的卻是一棵橄欖球？小兒研究了這神社老半天，得出的結論是「人間處處有神，萬物皆可拜」。

我們攜手走進長長的森林，聽蟲鳴鳥叫，看樹尖留空的形狀，小兒說像台灣島浮於天上，命我要拍下。然後再一起走進下鴨，感覺像是走進神隱少女的世界。「不過千尋不會買御守」小兒說，「妳又會買好多！」

河合神社

烏龜石

「要帶小孩去京都，有什麼不太費錢又有趣的活動可以做？」朋友問。京都小孩適合去的地方有幾處，比如水族館，比如鐵道館，不過要看到小孩自在又不受拘束地融入京都日常，那當然要去跳烏龜。

初次聽到跳烏龜（飛び石）的人，恐怕會一頭霧水，不過無須想得太複雜，其實就是跳過橫跨兩岸的石頭，造型倒也不拘是烏龜，也有幾何圖形或小鳥形狀。這些石頭在鴨川的時間並不長，大約二三十年左右不到，官方說法是為了穩定河床。我不懂工程學，這些石塊能穩定河床的奧祕何在就不深知。不過一兼兩用，做出了許多可愛形狀，倒是成了鴨川上幾處童趣的風景，不僅是小孩愛跳，就是想念童年的成人在石頭上飛來躍去的景象也隨時能見，成為不少青春電影的取景地。

鴨川是京都最為庶民的天然代表，說不出美麗何在，但看見就自然而然想親近，或許是生物親水的本能，也或許是看來清淺的鴨川分外討喜。只是若要推薦景點時說去鴨川，總有些不知怎麼拿出手，叫人家匆匆幾天的行程中特別去看一條河，卻又全然說不出該去看什麼。總不好說你去了就知道，馬上能感受京都人的京都。那些一天要排上五六間寺院神社參道的旅客可就只能一臉莫名其妙。但你若要說，搭完叡山電鐵看完比叡山、圓光院、詩仙堂、曼殊院出了出柳町站後，或是從那間惠文社一乘寺店買了充滿文青氣息的書本、文具、小物後，不妨往三角洲那尖端走走，也不多幾步，站在賀茂大橋往下看，就會看到能過河的烏龜。要有興致可以試著跳跳。只要這麼說，就能讓他們自然而然地將視線下移，又乖乖地按著囑咐一個個跳躍過河，一次都沒有失誤過。

不只帶著孩子的人跳得開心，便是那些一到京都只想去拜神拜歷史的，都跳得不亦樂乎，高興起來能脫了鞋襪坐在烏龜上，將腳伸進鴨川來個零距離接觸。回想起京都行第一說出口的就是跳烏龜，感覺比什麼景點還有趣似的呢。

名畫之庭

一出北山地鐵站三號口，陶板名畫庭園的招牌迎面而來，果然是一出站即到，方便得很。其實沒想過要來，京都有那麼多地方可走，為什麼要來看幾幅仿畫？何況並不是安藤忠雄的粉絲啊。不過在順行去金閣寺的路上剛好要在北山轉車，又剛好帶了小兒一名，成天逛廟看神社恐怕養壞他對京都的胃口，於是如此轉進來看看。

天氣剛巧明朗得不像話，陽光璀燦如金，微風清徐，正是走路好時光。小人乖巧地掏出一百日幣付了媽媽的錢，他自己不必付費，便興高采烈往一片水泥樂園衝去。

一九九〇年日本辦了国際花と緑の博覧会（大阪花博），其間大塚OHMI陶業公司以四幅陶板畫襄助花博，分別是《睡蓮》、《最後的審判》、《最後的晚餐》和《清明上河圖》。大約是陶畫頗受好評，事後不僅保留下來，又追做了四幅，找了安藤忠雄設計一處安置，變成了名畫之庭。

雖然說陶板畫製作過程頗為費力，色澤上畢竟不如畫作清晰，好處是易於保存，不太會褪色，耐風吹雨打，真的忍不住上手摸一下也不會壞。大概是這個原因，安藤先生把這裡設計成了遊樂場，沒什麼遮蔽處，又是斜坡高高低低，任跑任跳。這也好，便能跑上跑下以不同角度好好觀看等比例製成的米開朗基羅《最後的審判》，並感受那超巨大的尺寸（據說這幅陶畫耗時六年才製成）。張擇端《清明上河圖》和鳥羽僧正《鳥獸人物戲畫》則貼心地放大兩倍，按照人的視線高度，長長地展示於斜坡側，對於已漸入老花的視力相當友好。莫內《早晨睡蓮》雖是原尺寸（原尺寸已然不小），但擺放的位置深得我心，直接沉進了水池底。可不是嗎？你有看過沒在水中的睡蓮嗎？

雖然對於選擇這八幅畫作的標準頗為不解，把達文西《最後的晚餐》、梵谷《星空下的絲柏路》、喬治・修拉《大碗島的星期天下午》、雷諾瓦的《陽台上》和其他幾幅放在一起，委實看不出脈絡，不過這不打緊，光是看小傢伙上上下下奔跑不停，指指點點說這是我們米蘭沒看到的那幅畫，那幅怎麼在水裡？就足以讓我自豪可是讓小人增添了一點文青氣。

於是陶板名畫庭園亦收進了京都筆記。畢竟銅板價就可以看世界名畫和安藤建築，還不怕吵鬧撒潑，這種地方可是京都少見啊。

最美花手水

提到紫陽花就不得不提起楊谷寺。楊谷寺也是一千兩百年的古寺，說起歷史並不比京都市內的哪處來得少。位在偏僻山上，除非叫車或自駕，否則只能爬上來。不過因為景色佳又是寬敞柏油路，還真有人不辭勞苦地步行上山。

因為地點差，這座寺廟來人不豐。在日本，和尚是種職業，寺廟來人不豐差不多等於公司經營不善，前幾年新主持上位，決定善用楊谷寺有絕佳楓色和五千株紫陽花的現有資產，來波創意行銷。京都多得是賞楓賞櫻賞紫陽的地方，光拿這個不夠瞧。於是住持琢磨出「花手水」這東西，並且發揚光大，把社群媒體的視覺概念活用到底，造出一處處絕佳古剎美景，並發展系列商品，比如紫陽花傘，果然聲名大噪，遊人絡繹。

花手水原不見有，不過手水就是進日本寺廟前那缽供人清洗口手的水，要清潔後方能奉拜神明。於是把花花草草放進手水中自然就成了花手水。楊谷寺就在夏天放繡球花手水，秋天放楓葉花手水，硬是把處處可見的手水妝點得美貌異常，變作社群媒體照病毒散播。這非常有效，我就一眼中招。

楊谷寺門面不大，一眼看過覺得

平常，想著好吧，幾盆水拍拍可以走了，不過買票時賣票的大姐十分努力地解釋：還可以上去看，一山後面有一山。

果然這座依山而建的窄小寺院卻很深，以垂直方式一層遞過一層，從入口大院看以為不過咫尺長寬，卻是柳暗花明又一村，像剝洋蔥似地每層都很有看頭。這寺廟美得很啊！即使不搞這些花手水，絲毫無損它的曲徑通幽，三步一景。住持一定是很捨不得自家寺廟泯滅在眾多千年神寺間，這才要以各種手段引客入勝吧。

楊谷寺花手水不拘一格，楓葉紫陽以外，也見過睡蓮、波斯菊甚至南瓜（這該叫瓜手水才是）的花手水，這已經在日本各處寺廟掀起風潮，若是誠心來訪，不妨先上網站看看現今又是何種風格。不過即便碰不上這門特色，楊谷寺仍是頂頂美麗的寺廟，頗值一觀。

楊谷寺

奉
納

來碗葛切吧！

京都暑熱，穿街走巷之餘時時想吃口冰，貪個涼。有時熱得狠了，索性會去茶寮都路里點抹茶冰來喫，如果要等很久（這時常發生），也許就外帶一杯冰抹茶拿鐵，一路喝到錦市場，再點一份豆乳霜淇淋。一般在日本不興邊走邊吃，認為不雅，飲品尚可，霜淇淋頂好是站在店家門口吃完，順便看看打不打算把豆乳甜甜圈一併打包，或參考隔壁幾攤有沒有什麼想帶的，正好也散散熱氣。這是還打算走一番路看景。若真的需要消消汗，十有八九會去鍵善良房。

鍵善良房一共兩間店，四条本店和高台寺店，風格不同。本店老派，很有點老物件擺著，樣子俐落，京都味足。可惜店內掛的匾幅「鍵善良房」那筆字實在欣賞不來，不過大約因為是名人所書，一直就這麼掛著。高台寺店走的是現代禪風，線條簡潔採光明亮。兩間都是很宜人的店。鍵善良房有名的就是騷人墨客喜愛的葛切，我來基本也都點這個。夏日來多點白蜜口味的葛切，偶爾也點帶了沖繩黑糖風味的黑蜜。

葛切（くずきり）是常見的夏日點心。長得像做成寬麵狀的涼粉，冰震著盛裝在精美的漆碗裡，附上一碟子糖蜜，要吃就挑起一兩條沾著蜜吃。口感比愛玉堅實，又缺了點米苔目的糯感。因為是搗碎了野葛根過水沉澱做的，不沾醬，嘗起來有點草木根味。雖然配著糖蜜，吃起來很清淡，一碗下去暑氣全消，能清涼很久。我是一直到有了小孩，家裡常備幼兒能吃的中藥葛根湯，才把這兩件事連結起來。葛根湯的葛與葛切的葛都是豆科葛屬植物，葛根就是它的根，入藥時能解熱生津。葛根湯我自己也常用，感冒時療效確實不錯，雖然做成甜食味道完全關連不起來，但大約保有一點功能，莫怪拿來消暑有神效。

另一樣深得我心的是菊壽糖。鍵善良房位在祇園的本店也經營了三百年，早年客群有很大部分來自夜宿伎館醺醉的大老爺們，店家因此很懂得待客之道。這裡的葛切用的是純葛粉，久放就會發硬，因此是現點現做，怕客人不耐煩等，會先奉上焙茶和一顆菊壽糖。菊壽糖一枚小巧，不超過拇指甲大，精緻得做成菊花花樣，原料就是和三盆糖粉，甜但不膩。本來是因為小孩愛吃才跟著試試，不料也是一試成主顧，每每來都要外帶一包走。這是我京都消暑的偏門，暑熱不妨試試。

鍵善良房

紫陽

京都四季分明，四時皆有景，不過說到夏日，大約因為櫻花剛過，提起來都說能看新綠，不知道新綠以外，這時節也是紫陽花盛開的季節。

紫陽花就是繡球花，花型圓滿，顏色多樣，是非常討喜的花。不過最棒的地方，是耐風抗雨打，追著四季時節看景的人最怕颳風下雨天忽冷忽熱，因為雨打櫻花花就沒了，昨天才是滿開今天一下雨就只剩一地殘櫻。要不天太熱了楓紅就會特別短，往往還沒紅就直接黃去，轉頭剩枯枝。紫陽花就沒這個問題，生長在梅雨季節，性喜水，雨下越大花開越豔，不必擔心一夜風雨朵花無存的慘事。

事實上，若是把花摘下插瓶，紫陽花也要高水位照顧，醒花時最好連花帶葉整株浸泡在水中吸水，花才開得久。就是有這麼喜水，一點不誇張。所以撐傘賞紫陽就是夏京都的一大賞心樂事，樂意走遠點，三室戶寺有萬株紫陽花，各色皆有，同時盛放的美景不可錯過，紫陽花大放期間亦有夜間點燈活動，夜看紫陽花又是另一美。若是講求歷史感，可以去京都最古紫陽花寺丹州觀音寺，別名丹波紫陽花寺。這是京都最早以紫陽花為名勝的寺院，據傳寺內最早的幾株紫陽乃光之紫陽花，能變化七色，現下也有百種萬株紫陽花。惟地處偏僻山區，比較不好抵達。

姫紫陽花
ひめあじさい
（アジサイ科）
Rosea Hydrangea
牧野氏小绣球
牧野氏小繡球
마키노소수국

若是想享受山區清涼又不願太難抵達，三千院也不壞，雖然素以苔原和楓紅聞名，但也栽有千株紫陽花，夏季上山走走，也能討一點清涼。

再再不行，一趟旅程裡只得三四天在京都徘徊，那就去京都植物園，花種多，還有搭棚養育的名種可看，又或天龍寺，只在後庭園一逛，紫陽花儘有，且庭園頗有中式意趣，能有尋幽探勝之感。總之，夏日來京都，紫陽處處。

所以來京都看看紫陽花吧，既不似春櫻秋楓能擠死個人，花又圓滿美好，為什麼不在夏日訪京呢？

三室戶寺

丹州觀音寺

三千院

藍色咖啡廳

「陪媽媽喝咖啡。」是小兒開始旅行就在修練的一門課。蓋因母親離不得咖啡，他離不得母親，所導致的結果。通常狀況下，小兒與我在咖啡廳是相安兩無事的狀態，他喝他的果汁，讀他的小人書，我喝我的咖啡，讀我的媽媽書。這種模式在京都的幾間咖啡館會暫時打破，母子會認真討論咖啡館的裝潢、顏色乃至食物。其中之一就是心儀的喫茶Soiree，直到小兒八歲才第一次帶著他進門，也是第一次還有天光時探訪。

喫茶 Soiree 最大特色是整間屋宇都打上彷彿月色的幽藍光芒，據說因為店老闆從前聽人說藍光下女人的皮膚最顯白皙，正正符合亞洲人的審美，這才搞出來的。可是藍光下美不美先不說，情調上來看比較像是鬼屋或科幻場景吧？

因為一直是日本雜誌最愛拍的店家之一，入訪 Soiree 通常要排隊，店中來客也以日本人為主。帶小孩在此排隊比較辛苦，因為店門口正好面對戶外吸菸區，菸味撲鼻而來。若也打算帶孩子一訪，可能要先考慮一番等待（吸二手菸）的時間。

去過如此多咖啡館，只有 Soiree 我完全說不上咖啡是什麼味。因為從來沒點過。每一次進門前都會下決心無論如何必要點咖啡，不過打開菜單馬上忘光，完全沉迷進這裡名飲漂亮的賣相。和小兒興致勃勃地討論各要什麼顏色的蘇打水才好，等到上來各自彩色和粉色的飲料才回過神，「咖啡呢？唉，算了咖啡哪裡不能喝。」差不多每回都是這種心情。

小兒對顏色如此新鮮的咖啡館興致勃勃，這種時候便是母親趁機解釋咖啡館特色和講故事時間。講此店的主人是如何喜歡東鄉青兒的畫作、在哪些地方運用了東鄉的繪畫、同時Google其畫作增添印象；講為什麼整屋藍光（小兒：老闆喜歡外星人？）；順帶說了日本奇特的露天吸菸區規定，解釋門口的人為什麼可以抽菸。再讓他自己上二樓探險。兩人還對著一樓夾在兩張桌子中間的洗手間嘀嘀咕咕，單間廁所夾在兩張桌子間有點尷尬吧？有沒有誰會厚著臉皮去使用呢？

要離開時作母親的那個展露童心對各色紀念品眷戀不捨，彷彿突然成熟的小兒就開始在旁邊算匯差再評每樣物品的功能，嚴肅地結論都不值得買。怎麼，原來進藍色咖啡館真有魔幻效果，讓人互換了青春嗎？

喫　茶 Soiree

最涼不過貴船

真的到了頂頂熱的盛夏，就去貴船吧。

從搭上叡山電鐵開始，由民居漸漸轉往山間，窗外綠意盎然，心便先就靜下來。一直到終站，換登山小巴士，已然心靜自然涼。下車要走點路，但完全不怕。位於山間的貴船神社，氣溫一般來說要比平地低了五度以上，自然涼爽。順著路走，邊上就是小溪，聽著潺潺流水，享受山間濃綠，窄窄一條上山路，走起來非常涼快，盛夏也有一種秋高氣爽。

要嫌還不夠涼爽，沿路都能看到川床料理的店家，挑一間吧。早些年的川床料理非常昂貴，一人動輒要價萬元日幣，食物還不怎麼樣。現在也有價格合宜的了，稍微費點勁找找還是能如願坐上川床。味道雖然沒能進步，但是坐在川床上那是真涼快啊。不過要不願將就，想吃頓能入口的，可以往上再走一點路，最高的那間料理旅館ひろ文專賣流水素麵。這種素麵沒有太大講究，味道通常還行，料理人把麵放進斜放的流水筒，麵就順著流水下來，吃得時候要眼明手快，筷子咻咻地在水流中截住麵條才行。撈起了麵沾醬吃，那也是一番熱鬧風味。不過，因為價格便宜得多，通常要排隊。畢竟相比前面川床餐廳的

貴船神社
100m
叡山電鉄
きぶねぐち駅 2km
鞍馬寺西門→
とび出し注意

冷冷清清，ひろ文的生意可是好得不得了。

不過ひろ文用餐處的川床寬廣，比較偏向食堂感覺。我還是偏好坐在窄小的溪流處，不與人混座，幽靜地感受在溪面上盤腿而坐，下方就是溪水潺潺的情調，那真是涼風習習，偶爾還會令人發抖。有時過分涼快了，會想穿件薄外套呢！我找到氣氛很好的川床料理ひろや，最便宜的套餐主餐是烤岩魚，一人三千六百日幣，除了烤魚之外的所有餐點，可都是涼的，完全能應付夏季的炎熱。但恐怕真坐在這裡，能涼快地想吃火鍋。說起來火鍋也有，花一萬二千日幣就能在流水上享用一頓。

飯罷拿兩把餐廳送的扇子，一路邊搧邊走，再搭著叡山電鐵搖搖晃晃回京都。就這樣哪還有暑氣？恐怕都忘了這是夏天呢。

川床料理ひろや

清涼祭

貴船神社在秋季和冬季特別迷人，秋有秋楓，冬有冬雪。特別是冬季，因為在山中下雪的機率高，紅色參道奉燈上堆疊銀白積雪的景色，就成為貴船神社的經典照，十分美麗。不過，剛入夏的貴船另有可觀。

身為日本五百守護神社的總本社，貴船供奉的是高龗神，約等於龍神或海龍王，司水，以水滋養天下萬物。每年到了六月一日，龍神要乘金轎巡視領地。一年就工作這麼一天，自然要大張旗鼓，熱熱鬧鬧整天以驕視信眾。是以十一點開始就有奉祀儀式，午後神轎出遊，最後還要在神社內表演神道樂舞做結。相當熱鬧的祭典。熱鬧意味人多，通常會讓人敬謝不敏。不過，與盛夏舉辦的祇園祭不同，貴船祭在貴船舉行，氣溫要比平地來的低四到五度之間。且不說順溪上山，聽流水，享綠意，是極難得的感受。六月初這種時節，京都盆地已見暑氣，但貴船還涼快得很。因為地僻遊人不會太多，但腹地又狹，就算人不多也能撐出大祭的場面，既不用又擠又熱，還能見識慶典氣氛，不來參加貴船祭可說不過去呢。

祭典開始是住持拿著樹枝沾水，拍在神官的肩上去晦氣，把龍神請出，小心用布巾蓋住，再請神上轎。等待許久的壯漢們把神轎抬起，從山邊上的神社沿著階梯抬下坡，到山路上為成排店家賜福。

說壯漢是誇張了，也滿多舞棍阿伯似的人物參雜其間，不過信眾都很熱忱，穿著草繩綁的鞋子，把神轎背在身上哇啦哇啦扯著喉嚨喊叫。氣氛熱烈，我也忍不住暫時放下相機，大發興趣去抓神轎後長長的繩子。繩子粗糙，用力握著磨手，握太輕又抓不住，於是在人群簇擁裡提心吊膽地跟著，如此自然而然地擠身其間，難得地不只做個看客。貴船祭在京都便是表示春日終而夏臨，然而貴船如此清涼，人群間竟是感受不到絲毫暑氣。

真是舒服的祭典啊我說。比起漫長五百人眾的葵祭，或擁擠到京都人都不想參加的祇園祭，還是貴船祭最好！氣氛歡樂、氣溫涼爽、剛剛好的人潮，還能呼吸新鮮芬多精！如果來京都只能看一場祭典，一定是貴船祭！

貴船神社

貴船若中
貴船

美秀

外子希波是建築專業，心心念念要去看大師貝聿銘的作品美秀（MIHO）美術館，三番四次想要前往，卻屢屢受挫。若非錯過一天僅一班的巴士，便是恰好碰上麻煩事，一直停留在心心念念間，寸步不曾邁出。

然而畢竟去了，租上車，在停滯京都一週後總算出發，往據說如世外桃源的地方。抵達美秀博物館的路很折騰，山路轉來彎去，並不舒服。到了已經是中午，先在外館吃了飯。這裡的餐廳提供的餐點食材皆有履歷，能見精細，選擇卻很寡淡，只有三種。精緻有餘但份量欠奉，不是能餵飽成年男子的餐食。至於美味程度只能說不好不壞。是不是值得特別來吃，見仁見智。

若是開車前來，車可以停在外館處，順便購票，再可以選擇要步行或是搭館內接駁車前往主館。美秀美術館的真正重頭戲在此，那條連接外館與正館的隧道。搭上的接駁小車是高爾夫球車巨型版，為了遮蔽開始漫漫下著的山間小雨，罩上了透明膠篷，遮著視線半糊半透。然進入隧道，兩側燈光打得極美，如光帶在視線下方以弧形延長，襯出隧道修建得極盡整潔的樣貌，不生陰暗。盡頭處是一縷光。車出隧道，真正眼前一亮，視野大闊，盡是山間翠綠，果然柳暗花明般進入桃花源。

我想這樣美，很大原因還是因為人煙罕至。這彷彿陶淵明文章重現之地之所以靈氣處處，主要還是借了地利之便，被大師以視覺戲劇性延伸至極，美得不可方物。令人深深感覺務必要在櫻花盛開時再訪，以見隧道內的灰壁被櫻花粉霞映照出的粉紅景象，和出隧道後的櫻海如雲。

若是來美秀，這樣便好，可以回頭不付門票費了。畢竟以室內空間來說，類似建築已經太多，沒有太多驚喜。館藏更不用提了，不能說不豐富，但亮點很少。若為了硬要把票錢看回來（畢竟不算便宜），花很長時間在美秀恐怕並不值得。如果可以，來美秀吃個飯（也可省略）、走走隧道就足夠心滿意足。保留那剎那美感，記憶能更深才是。

美秀（MIHO）美術館

天橋立一日

京都旅行向來是自助，倒不排斥參加當地一日遊。有回讓暑氣熱得昏頭，臨時參加去天橋立與美山的行程。來京都多次，周邊的天橋立一直沒去過，印象一直停留在要從胯下倒看景色這回事上，到底怎麼會想出這麼看景的呢？每每提到天橋立只想到這個。

湊團行程端看購買平台，有純日文團，有中英文導遊，也有只說中文的。以經驗來說景點安排差異不大。天橋立一日遊從京都拉車，一路到智恩寺，一行人就在這寺院後的碼頭等開船。碼頭亦能去伊根舟屋，一日觀賞這兩處的團體遊也有。

觀覽船速度相當快，沿途風光有

致。不過景色再迷人也不敵海鷗。遊客一個個都在瘋狂往天空拋食，看海鷗爭搶，再用盡奇招以各種極致姿態與海鷗合影。有小孩爭不過大人，負氣自己吃起了預備給海鷗的零食（上船前有地方購買，人也能吃）餵自己的比餵海鷗的多得多。

下船搭纜車登高上傘松公園，抵達可以從胯下看天橋立的地點。值得大書特書的當屬纜車，雖也有正常版，但凡手腳健全的個個都去坐驚險刺激的單人纜車了。類似滑雪場的單人吊車，基本沒有任何安全措施，不過其實是老幼皆宜的設備。因為速度慢，順坡而上，離地不高，正常坐著就難摔下來，實際摔下也不太有受傷的疑慮。搭乘時盡享微風美景，在纜車上毫無遮擋地觀看天橋立，要比什麼跨下看舒服多了。

美山是迷你的合掌村，對已經去過合掌村的我來說吸引力不大。這時有導遊的好處就出來了，透過他的介紹速速搶下當地小店賣的布丁和牛乳，這樣日本隨處有的平常吃食，若非提醒恐怕不會購買，果真美味有特色，想再買就已售罄。合掌村旨在感受風情，那麼就找一處咖啡店坐下，就著簷廊啜飲咖啡，細細品嘗小村景色。

如此輕鬆的一日，返京後還有力

氣在先斗町精挑細選吃食，甚至去白川邊取景攝影。連番費力規劃的自由行中參雜一兩天的團體遊實在是讓腦袋休息的好事。可要說全程參加規劃行程卻是敬謝不敏。人還真是矛盾啊。

初夏仁和寺夜楓

偶然看到「仁和寺青楓夜觀」的消息。說是從五月底至七月初，仁和寺會在晚上七點到九點開放，給人看青色的楓樹。

在千寺之都中，仁和寺是有千年歷史的世界文化遺產，但大概不會是背包客第一首選，畢竟是皇家寺廟，氣氛上稍微嚴肅，地點也不熱鬧。不過我特別喜歡仁和寺。喜歡它和日本皇室千絲萬縷的關係、喜歡它在午間特有的寧靜，更喜歡它僻靜清心的抹茶席。仁和寺內有國寶「金堂」，也有北宋時代的佛畫「絹本著色孔雀明王像」。國寶以外，此處最為有名的應該是獨有的御室櫻。至於楓葉，雖也有借景五重塔的楓，但京都有楓可賞的地方實在多，恐怕還擠不上前五。何況夜觀青楓，賞的是綠葉的楓樹，可有些莫名呢。

不過初夏夜裡倒還清涼，能有個地方晃晃也不壞。何況，我也沒有見過夜裡的仁和寺。仁和寺的二王門與南禪寺三門、知恩院三門並稱為京都三大門，共通之處是皆有三門洞，由左到右各自意為不貪戀、不虛榮、不妄為，巨大厚重。以兩尊天王神像左右侍立，故名二王門。

王門到亭間繳了一千日圓。寺內並不開放，開放的是往中門走去、兩側種了楓樹一路通往金堂的石坂路。景色在中門後的五重塔和觀音堂等殿，肅穆的神殿在夜裡透出輕鬆。夜涼如水，玩賞青楓的人不過三兩。

金堂端雅地在夏風中，燈光打得藝術，映在塔間、堂宇、楓木上的光層疊暈染，圈圈擴印上鋪滿細石的地，塑造出與豔陽下截然不同的風貌，白日的蕭索空闊慢慢驅散。天皇所建的仁和寺即便滿是遊客，都還有點皇家莊嚴的空廣枯寂，能讓人聯想歷代天皇在此出家後的意興闌珊。

然而此時斑駁光影填上空缺，燈光輕輕映照在迎風搖曳的青楓，連枝子上都伸展出異樣的青翠。明明沒幾個遊人，卻不覺寂寥，唯有愜意。綠得透亮的楓葉帶上涼感，生意隱隱勃發，喧囂在這安靜的夜裡。

這就是青楓夜觀啊！其實，也很不錯。

仁　和　寺

宇治亂

貴船祭後緊接的就是宇治縣祭。縣祭是宇治縣神社的祭典，對外人來說不算有名，雖然名列日本三大奇祭之一，我也是很偶然才發現原來每年六月五日的深夜，縣神社要把燈關得烏漆抹黑地抬梵天神的神轎出遊，聽上去還真是一個奇怪的祭典。

因為訂不到宇治的飯店，決定租車，畢竟祭典結束已是凌晨一時許，無法依靠大眾交通回京。想得很美好，等到抵達宇治便覺這下完蛋。素日的宇治是人煙稀少的小鎮，風清水闊，散步起來極悠哉的地方。本想縣祭名聲不響，自在的風情應可保留幾分。不料從車站起，就是步行可「塞人」的狀態，這下取完車後能將車停何處呢？往旅遊中心求救，換來一張標了停車位置的地圖和勸告：「現在停車在這裡還有機會，」櫃台大姐指著地圖一處說，「不過這裡晚上十點就關門，你開不出來。」大姐看我們有老有小的一行人，認真地又說，「晚上遊神轎人會真的很多很多很多。你們就參加白天的祭典吧，這麼熱鬧的宇治也很少見呀。」

這倒是事實，再說依照街道擁塞的程度，也只能如此。我們沿街龜步（實在快不起來），與平時以景點為密度最高的情況完全顛倒，平等院的遊人寥寥，上宇治神社乾脆不見人影，人流完全集中在縣神社左近的每條窄小巷弄。車輛禁止通行，本就不寬的巷弄兩側都擺上了各種攤子，飲食攤、玩具攤、遊戲攤，連撈魚都有，完全是大和版本的台灣夜市，只差在此時還是天光大亮。塞在路上動彈不得的人並不覺得困擾，每個人似乎都為了這分異於平常的熱鬧歡欣鼓舞，孩子鬧得凶，父母也不管，失序反而是此時最正常的狀態。熱鬧中心縣神社反而平靜，畢竟屬於神社的高潮要到深夜才會開始。

本來想帶家人到中村藤吉，卻因為封街封到了中村大門，生意只好拱手讓給久右衛門。不過久右衛門也擠不進去，這時間宇治能坐人的店恐怕沒有能空出一個位置的。

縣祭的遊行方式是讓一位執事著白衣躲在代表神明的白紙球內，由著抬轎的人抬著遊街，其間抬轎人會以幾乎能將人從轎中甩出的力道瘋狂搖動和旋轉神轎，到最後還會把代表神明的白紙球碎屍萬段分給信眾，以表賜福。本來一直認為這樣瘋狂的行徑應當是誇飾了，怎可能出現在寧靜又帶著源式浪漫的宇治？不過光看著白日節慶，就覺得搞不好是真的，畢竟光源式的愛戀也挺瘋的不是嗎？

縣神社

駿河屋
平等院 正門
縣神社
大津 33km
天ケ瀬ダム
平等院
本まぐろ
内科 消化器科
服部医院
あがたまつり
歩行者一方通行
この先
歩行者専用
この先
車両通行止
マイクロ
この先

週末不到奈良

有時京都人實在多，又且熱，那麼會想走遠點看看。通常可以去嵐山，小巧又古趣，兼且還有許多鹿的奈良也時常是首選。

東大寺雖然最負盛名，但比較少去那裡。喜歡走遠一點去看掩映在林間的春日大社，每每都有柳暗花明之感。喜歡去春日大社除卻因為那處要更為宏偉幽靜外，鹿的特性也是其一。東大寺前的鹿群頗具流氓性格，上嘴咬地圖、搶食物、欺負小孩兒的情景時常能見。我有回買了糯米糰子，想鹿應該不吃這黏嘴巴的東西吧？就沒太防備。不料才剛拿手上，一頭鹿便過來擠撞了一下，歪頭咬走兩顆團子。賣團子的大叔也只能揮揮手趕鹿。不然怎辦呢？

春日大社的鹿就文靜了，躲著人，安安靜靜地用兩只大鹿眼盯著你，餵鹿仙貝也不太好意思上來吃，很有家教，讓人感覺這才是奈良這氣質小鎮的鹿嘛。大半的奈良鹿差不多都是這樣，就東大寺周遭全讓E人格鹿群占了，脾氣忒大。

最喜歡奈良的一條路還是繞過東大寺順行走向二月堂後那段。平日可看蜿蜒的長牆與石階，清水灰搭深深淺淺的土黃，彷彿無止盡地將盡處掩在蒼綠山頭與鴿灰天色下。縱使陰天無光，情景也能讓人不停手地拍下，更不用說若是櫻花時分，點綴的粉白花點將景色演成油畫，靜美地叫人屏息。

這樣美色的奈良，可決不要在夏日的週末假期前往。

因在旅中跳脫常態，時常忘記時日。某次臨時動念去奈良，方出車站一望，人多到叫我感慨今天出門沒看黃曆。剛出站還勉強，等公車搖晃到奈良公園一帶，簡直就不想下車了。本以為京都人多到無處可躲，奈良該還是清靜地。不料正值週末，居民扶老攜幼出門不說，還有十幾車穿著不同校服來玩的中學生（週末還有學校活動嗎）。

奈良是左近幾處地方熱愛的校外教學地點，撞上了真只能叫苦連天。本來一方霸主的奈良流氓鹿，全龜縮在一起，被人群圍追著餵食。吃得撐，躲不了遠，一肚子不消化配上滿臉無奈，就差沒瑟瑟發抖拜託人把鹿餅拿開，再吃要吐了。全然沒有從前追著人搶食的威風霸氣。

這樣的奈良一下就可以拒絕，景點什麼都別去，找遠處的咖啡館歇腳，不然乾脆回京都吧。下次來可要先看好日子才行。

春日大社

二月堂

竹林中

盛夏最宜遊京郊，比如京北的高雄，頂好去高山寺看彷如巨木的杉林，順行走走丹波步道，於林木間放鬆身心。又或去以三千院聞名的大原，走逛名剎間，看罷三千院的苔庭，吃頓芹生的三千草便當，再散步去寂光院邊上的大原山莊，邊喝咖啡邊泡個足湯，散去疲憊。這些地方人稀地廣，又在山間，本來比較清涼，是夏季的好去處。若是時光有限，也或不情願遠離塵俗。那也可以轉轉嵐山，搭乘任風吹進的嵯峨野小火車，又或搭船從保津川順流而下，也是很有風情的事。

不過，那些都要先預約，不適宜臨時客。這也無妨，可以試試人力車。日本許多景點都有人力車吆喝，但以我觀點，在嵐山搭乘最划得來。價格是稍高了些，不過能看的變化也多。既能聽人力車伕講古，又能看遍古剎名寺，在大街上於眾多遊客欣羨的目光中呼嘯而過，那也是很過癮的事，不過最好的，還是能在竹林當一回ＶＩＰ客人。

因為電影《藝伎回憶錄》而聲名大噪的嵐山竹林，早年算是一段頗為清幽的小徑。十多年前造訪，任是何時都無須擔憂人多，有大把時間可以好好散步於其間，拍照也不必等半天才有一個空景，反而是要耐心等人經過為畫面增添一些趣味。然而如今的竹林任何時候都是成堆看客，在之間走著聽的不是風聲鳥鳴，取而代之的是各語言雜燴，喧囂堪比大街。雖有點無奈，但好在嵐山不是只有竹林，還可以玩賞他處。便許久未再走入竹林。

直到發現人力車的祕密。某次攜老扶幼，特意安排了嵐山人力車，行經路段便有竹林。起初見車伕要轉入竹林間，大吃一驚，因為人潮擁動而小徑路狹，人力車極難通行。正擔心呢，車伕卻稍停在竹林間一小門亭處（久不入竹林竟不識此門亭），取下禁止通行的門竿，逕自拉車入內。原來竟是在竹林間闢出了另一條ＶＩＰ小徑，專屬人力車。乘客與另一側人潮隔竹林相望，竹林密，因此幾乎難窺視。就這樣視覺上清靜了，目光只見竹林，再不見人群。雖說隔不去聲響，如此反而更有點不一樣，似乎真成ＶＩＰ。

轉進小徑除了享受竹林，車伕另一項重責大任就是拍照。小徑中間是塊特意闢出來的小空地，車子停下，車伕便同客人要來相機手機，以特定的取景方式最大幅度拍下竹林的高聳，這才拉著車從ＶＩＰ路徑另一頭瀟灑出去。

且不說濃夏中搭著奔跑人力車帶來的涼風與四體不動的愜意，光是竹林這麼浮誇地走一回，體驗也很值得了。

嵐山人力車

藍天微微風，
無際魚群漾秋空，
露積霜意濃。
——正岡子規

秋

秋日賞楓，原就不可越過嵐山不去。且不說秋高氣爽正適合冶遊，嵐山放眼望去就是金碧橙紅遍野皆是，如此大景，豈可錯過？如此，沿保津川散步，一路行去，玩溪觀山，再掉頭走神社野寺，或看落柿舍瞧瞧楓紅之際柿子是否也熟？走野宮神社，唯有秋日的楓紅妝點，此社才能顯出些許皇家公主的貴氣。去清涼寺，見識古寺在秋日的瀲灩。最後繞回天龍寺，來嵐山總會來此，楓不算多，卻不妨礙寺的寬和之美。或野趣或大氣，或蒼美或淒幽，來嵐山一回，僅賞楓一事，情緒便可萬千轉折。

然諸多楓名所間，若要比精緻，嵐山一帶，唯有寶嚴。

寶嚴乃寶嚴院，就在天龍寺旁，門面曲折，輕易不會發現，算做天龍寺的從寺之一，其間由名家於室町時代建造的「獅子吼之庭」。相當有名。園內因有獅子形石頭喻釋迦牟尼的佛說得名。然得盛名主因為其借景嵐山，以嵐山之景代園內假山而來，可見其園寓意寬廣。然又處處細緻，自鋪地鵝卵石到二百多株楓樹，皆是精心安置，錯落有致。園雖闊，卻是井然有序中能見趣味橫生，大異於嵐山自帶的疏闊蒼茫。

獅吼庭園僅在秋季開放，算是嵐山

數一數二的賞楓點，然而兩次前往，運氣都相當好，或許因為未到楓葉見傾，遊人居然不過兩三而已，遊逛起來竟有在自家院落散步的悠哉，迴然不同於網上諸君宣稱人潮多至邁不動道的程度。也許錯過楓葉豔至深紅的極致時候，然自在卻能抵過。

說來可能不信，我居然能在楓紅之際，於寶嚴院的抹茶席喝過兩回茶。但凡想起端坐院內鋪設的紅氈上，以手半轉茶碗，觀茶沫，品茶甘，再執手取下潔白印有楓葉的和菓子，配上滿院佳景，逕自享受獨我一人的抹茶席，便會覺寶嚴院之回憶極盡圓滿，很不必再訪，唯恐再不能盡如人意。

許是如此，寶嚴院一直常掛在個人嵐山楓名所的頭名，實乃私心偏好。若來嵐山有閒，不妨一試，不定亦能得一園楓葉，半盞茶香。

寶　嚴　院

嵯峨野風物詩

秋嵯峨野小火車幾乎是每個訪嵐山的人都想試試的觀光火車，此車在一般日子裡為 Open Air 設計，雖然不到掀頂的程度，但窗戶是沒有的（深秋後為禦寒會裝上窗），任窗外輕風吹進。火車沿著保津川行進，沿途見溪水湍急，山林青翠，是為好景。

小火車觀景雖好，風的確清，水的確明，不過若是旅遊經驗稍微多一點的人，恐怕就會有點「不過如此」之感。溪谷之奇峻不能與太魯閣相提，溪水之明媚差不多也就是南勢溪上游烏來一帶的風光，當不得絕景之名。當然，光是乘坐小火車的體感相當不壞，車體古樸又富童趣，且不說等車時能在車站觀賞骨董火車，只是點了咖啡可以把杯子帶回紀念，就是觀光客摯愛，倒也不能說不是好體驗。

不過入了秋，小火車的景色大變，能瞬時將 B 級的景點提升至 A 級的風光。同樣的窗外不過混上了色，立時就靈動多采起來。以我來看，入秋至秋深時分，方是真正搭小火車的好時段。此時嵐山遍地自然呈現五彩繽紛貌，常綠喬木的濃綠、染黃的金碧、璀璨如金的艷黃、夕陽的橙色，到已轉呈緋紅、赤紅、深紅的楓，將嵐山催成一幅風物詩，又加溪水流動，更添靈巧。乘車入畫，耳聽水聲潺潺，實乃樂事。某次搭乘還遇上車長興致大發，透過廣播高歌一曲，聲音渾厚，曲調婉轉，讓窗景添上鮮活生氣，更是大妙。

倒是號稱夜間觀楓的夜楓火車，要稍遜色。雖已在定點打光，然嵐山地闊，光線分散佚失，實際的效果並不明顯，僅有少數靠近車站較方便架燈的地段還算燈火輝煌，然這幾處的楓葉又恰好稀微了些，甚為可惜。若實在很想夜乘火車，可以考慮冬季，冬季在鐵道兩側安排的花式燈火彷彿迷你燈光秀，因為不必考慮怎麼打光在樹梢，花樣反而多得多，觀賞起來另有一番風味呢。

嵐山小火車

夜戰清水寺

大體來說，秋楓如同春櫻，若是在京都幾乎不必刻意去找，幾乎沒有一處略有名氣的古剎名寺沒有，比如與東福寺齊名的禪林寺永觀堂，比如北野天滿宮，比如哲學之道或渡月橋，皆是有名的賞楓地。甚而若是太早到京都，還可以試試位於山上較冷的貴船神社或高雄地區，大約不會落空。

這些都罷，若是清水寺開放觀夜楓了，這種限定加特別的日本在地行銷特點，可就很難不讓人心動。我就是那個心動的人，麻煩的是彼時我非一個人賞楓，還帶了半個人，當年僅一歲餘的小兒。

那麼首先就要研究動線，小兒已經有十三公斤，思考體力的負荷程度，實難背著他上下，於是推車不能省。推車能上的路只能是五条坂，沒有階梯，一路緩坡向上。路線畫好想著大約沒有問題，背上相機便努力推孩兒上山。一路都好，畢竟五条坂大約是最無趣的上山路線，雖也有人潮上山，但還在忍受範圍。

然而一近清水寺，人潮大增，我與嬰兒車彷如海中扁舟，幾乎是被推著前進。小兒倒是很興奮，依據高度，他只要伸出手就能摸到旁邊遊客的物品或臀部，於是在娃娃車上看見什麼逮什麼，媽媽我雙手難以兼顧，好在路人們見是這小人，倒是都笑笑的不生氣。

在寒冷風中奮戰半天，捂出一身汗，好不容易到清水寺，付了票錢，才發現平日給推車的通道封住，娃娃車必須停在山門外。這下好，小人的高度不到一百公分，要在這烏漆抹黑的擁擠人潮中行走，先不說可行與否，媽媽就不能放心。我試著牽著孩子走幾步，實在不放心乾脆抱起來，照片也不拍了，憑著一股硬氣走到本堂區，至少瞄了兩眼清水舞台，再往下就不好走了，只能放棄，陪著小孩在紅色山門前戲耍一番，再又繼續備戰，這回挑戰拉著娃娃車下山。一路不敢稍有鬆懈，怕手一滑小傢伙就自由逐風往下衝去，結果比上山時還累，半點不能休息。又一次汗溼重衣，真是要命。

所以到底為什麼要帶孩子去觀夜楓呢？好好的為什麼又要被期間限定誘上鉤呢？再三自我檢討，然而一看到朱雀之庭也有夜楓限定，馬上就又蠢蠢欲動起來了呀。

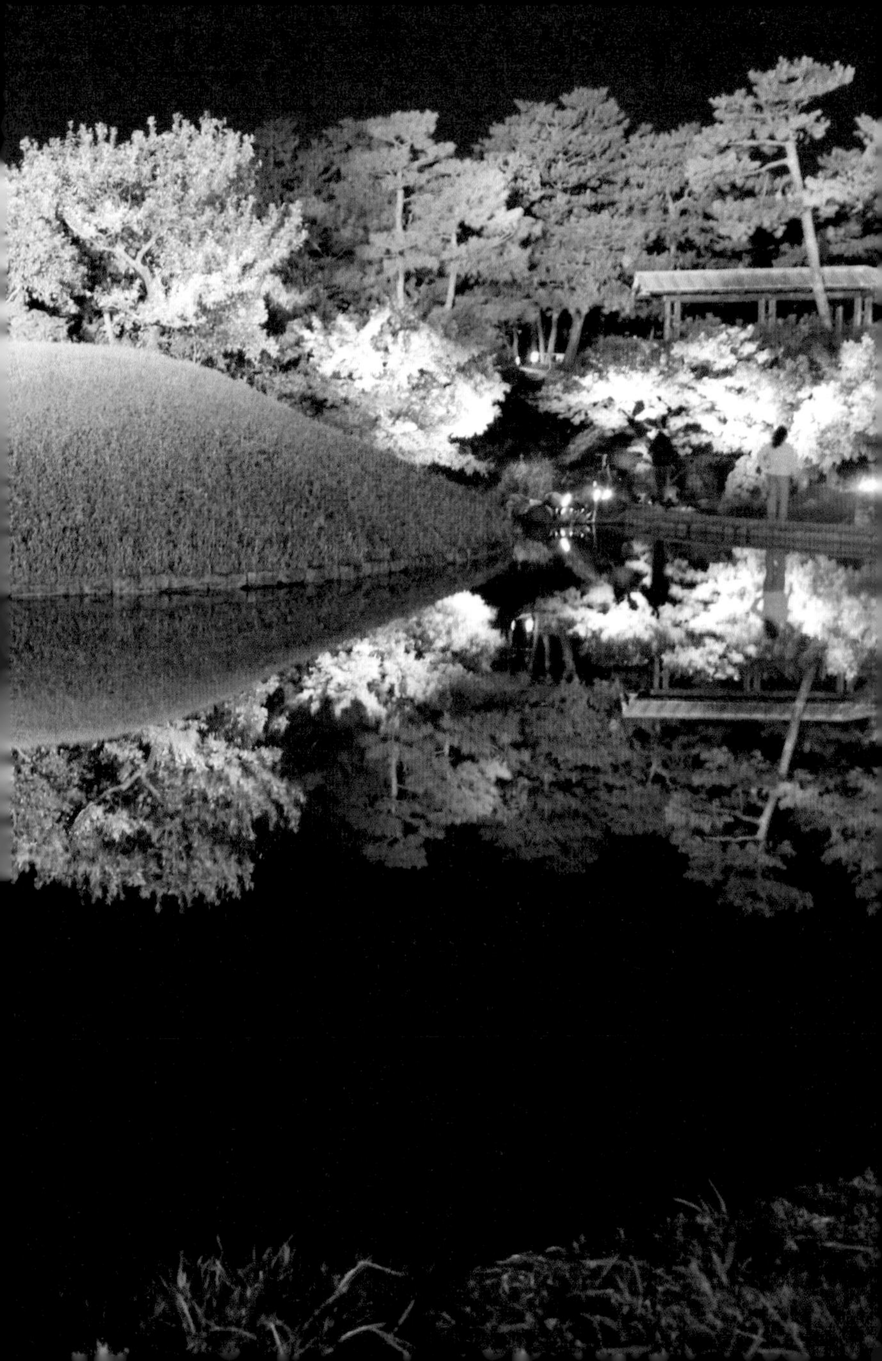

朱雀之庭初觀夜楓

真正第一次好好看到夜楓，是在梅小路公園的朱雀之庭。雖然之後陸陸續看了盛名遠播的永觀堂、有五重塔倒影相伴的東寺，皆留下極深印象，然而提起夜楓，總還是會想起與小人在清水寺挫敗後，隔夜再戰朱雀之庭的美好經驗。

朱雀庭其實是梅小路公園裡的日式庭園，梅小路公園的占地廣大，設有諸多提供小孩遊戲的免費設施，鐵道博物館和水族館也都在梅小路公園之內，可見其腹地遼闊。當時小人太小，本來並沒有打算往梅小路公園走，不過因為在京都車站看見了一張海報，說是朱雀庭園夜間點燈賞楓的楓葉狩活動開催，立時心動。當年看夜楓這件事並不如今日氾濫，聽說的僅有永觀堂和清水寺，再來就是海報上提的朱雀之庭。如此即使我原本不知道梅小路公園有這個庭園，也決定要過去看看。更有趣的是兩年後我居然看到了一模一樣的海報貼在同樣位置，除了活動時間更動，其餘完全就是當年看到的模樣，這設計也太省心了。

因為在城市公園內，心想這下不可能如同清水寺般悲慘，於是又推上嬰兒車。朱雀庭不大，受限於名氣，遊人亦不算多，然而庭中有小湖，樹木錯落有致，打上燈光，即便不看楓葉，本身也相當美麗。然而遠觀可，近看就是問題。遊人可以走上湖中架設的步道，好好玩賞夜楓景致。但這些道路都相當狹窄，嬰兒車很難推上。我只好望湖興嘆，想著又要鍛羽。此時工作人員中一位大叔發現困境，揮揮手讓我放心去看，他幫我看顧車上的寶寶。我滿懷感激，背著相機衝去拍照。雖然因為沒帶腳架實難拍出滿意的照片，但能暫時鬆手，已經是值得慶幸的事。

因為擔心小孩不敢待太久，速速衝回來時正好看見大叔蹲下身一臉溫柔地逗著我家小兒。看到我回來還笑笑地遞上一杯溫熱的紅豆湯，在深秋頗為寒冷的天氣中，讓我身心都溫暖起來。

若要比壯闊，朱雀庭大約比不上他處，不過小巧可愛名氣不廣，卻是特色，遊人不多，工作人員不至疲於奔命，仍能親切地展現京都氣度。如前述，這幾年我陸陸續續看了許多如雨後春筍般冒出的各個夜楓景點，但小巧又溫暖的朱雀庭，始終在我的夜楓地圖中，占有重要的一席之地。

朱雀之庭

觀楓列車

第一次接觸抄經是許多年前，為了賞楓而起。當時十分希望能預約到西芳寺（苔寺），希望能拍攝到紅葉散落於青苔上的美景。然西芳寺的預約麻煩，除了只能以明信片往返預約，還需限定參拜時間，且門票高達三千日圓（現已漲到四千日圓），最妙的是程序上入寺參觀前尚須抄寫一份《延命十句觀音經》經文奉祀。

我不反感抄經，但是當年光要以明信片預約就令人頭痛不已，不得不放棄，轉往參觀三千院。這也是我首次知道原來京都的廟宇可以抄經。

到了三千院，出於好奇，也詢問了寺方。果然抄經一事非西芳寺獨有，繳納一點費用，三千院亦能抄經，於是信步之餘，我也正坐跪下，舉起毛筆臨摹經文，在楓紅秋綠中，極靜地與文為伴一個鐘點。

往後於京都走寺訪社，十有八九仍是為了賞櫻玩楓，因此要不就是爭天光於清晨趕至匆匆拍攝，要不落後些便只能人擠人，再沒有閒適心意。終有一次初秋訪京，沒有春櫻秋楓亂目，於是轉進了建仁寺，預備在兩足院體驗日式坐禪，此時兩足院的一應體驗中抄經兩字又落入眼簾。來此坐禪者不少，抄經室人卻寥寥。此時訪京便是圖個清靜，見此乾脆棄了坐禪改來抄經。三千院那回，尚且年少氣盛，抄經只覺有趣。然而這次抄經，許是寺院執事做足了儀式，先讓我淨手，再以香粉搓揉，香粉味淺但悠長，不多時便在四周飄逸，彷彿結界，暫闢了一處僅有我自己的空間。也可能是年歲增長，歷的煩雜事頗多，心頭渴盼清靜。抄寫過程中慢慢便心專神凝，只力求字美神在，心頭竟是一片空明。

自此再訪寺院，但凡有暇，便要問問能抄經否？京都諸院大都能行，倒非必要去名刹古寺。當然，若要有個名目，不妨去泉涌寺雲龍院抄經。此院號為日本現存最古抄經所，儀式感更強，香粉以外，還要灑聖水、含丁香。此丁香需一直含著，方確保能靜默抄經。又或可去廬山寺。這寺院門口高掛「源氏物語執筆地，紫式部邸宅址」，光此牌可知其文史淵源。既要做抄經這文雅事，那麼合併參看《源氏物語》誕生地，同時賞庭內老松，亦是可享一方清靜。抄罷可去左近梨木神社品染井名水沖泡的咖啡，亦甚美。若求與知名景點一兼二顧，知恩院、金閣寺亦能抄經。以氣氛來說，知恩院尤佳呢。

叡山電鐵

若是專程來京都賞楓，叡山電鐵就幾乎是一條必要的賞楓列車。這不僅僅因為這條線路能順行經過幾個知名的賞楓大點，也因為鐵道本身的路線就是一條楓葉隧道。

只要腳步脫離洛東及四条河原町一帶，目光很容易就會注意到琉璃光院。這座寺院一年到頭開放的時間有限，秋楓時節便是少數開放的日子，其著名的琉璃之庭紅楓桌面倒影，正是楓葉倒影拍攝的濫觴。而前往琉璃光院，叡山電鐵就是最容易抵達的大眾交通工具。所以可以起一大早，預約好時間，先搭叡電前往琉璃光院，再回頭搭叡電轉纜車上比叡山，參訪曾被織田信長放火燒掉的延暦寺。延暦寺相當大，且深林綿延，若有興致足能逛上一天。倘若純為楓葉，那麼不上比叡山，叡電直往貴船鞍馬走，貴船神社的秋季是出名勝景，再去鞍馬看看天狗也不費事，返頭搭叡鐵回到一乘寺站，步行十多分鐘又可到詩仙堂圓光寺，兩地楓葉景致與貴船琉璃又大異，堪稱一日集滿各種楓景。

這還不算，如果有餘裕，不管是上行或是下行，就多花幾分功夫等等叡電中的「二之瀨紅葉隧道展望列車きら（Kirara）」吧。如前述，叡電本身便是極佳賞楓之路，其於市原站與二之瀨站之間密密種滿楓樹，不過二百五十公尺的路段栽有二百八十多株各色楓樹，是以從初夏青楓到秋日楓紅，皆極美。於是在賞楓季，叡電便推出有座位面向窗戶的展望列車，在經過這對楓葉隧道時會放緩速度，旨在令乘客能好好欣賞。若是入夜，這段路會打上燈光，點上燈籠，並且在行經此段時全車熄燈。

若要評論其與嵐山小火車的差異，以白日來說，嵐山小火車一路皆景，氣氛悠閒，叡電畢竟是民生交通工具，雖在行經楓葉路段時景觀無與倫比，但感受上無法與觀光火車並論。然而若是夜車，那麼就選きらら吧，燈光打得密而楓紅又盛，更重要的是儀式感十足。

但凡經歷過原本嘈雜的車廂，在熄燈進入黑暗後突地一片安靜，忽又被窗外突然而至如夢似幻的楓紅如火震撼，只怕都會覺得難忘吧。

東福寺之楓

京都的賞楓名所之多，恐怕雙手數不盡。其中最有名氣的，恐怕非東福寺莫屬。盛名之下，總覺得秋日來京，東福寺不得不去。

東福寺離伏見稻荷神社不遠，很可以安排兩地順遊。那日便是如此，先觀東福寺，再去伏見喝地酒。原是這麼打算，不過參觀東福寺的人實在多，且顯而易見以本地人為主。在前往東福寺的大馬路上，能見人群扶老攜幼，十分有條理地緩慢前行，明明是普普通通的馬路，也沒有人員監管，但蜿蜒不見盡頭的人潮卻是規規矩矩，輕聲細語，未見吵鬧，相當了不起。

要進東福寺參觀，首先要過臥雲橋，方能進寺。臥雲橋是座木橋，也是座簷橋，頂上有蓋，下雨時通過亦可擋雨。雖說古意盎然，但這座橋實際也供附近居民使用，並不收費。在臥雲橋上瞭望東福寺方向，對面就是通天橋。此座橋方是東福寺觀楓葉最為出名之地，兩橋中間便是大片的楓紅，放眼望去，彷彿失火，赤紅色的楓葉能把橋燒起來。

據說東福寺共有二千株楓，隨意看看確實有數大就是美之感，然楓景並不細緻，此處看楓並不講究意境，純就數不完的楓便足夠傾倒。若是在通天橋上（通天橋亦是座簷橋），則橋兩側皆是楓紅似火，令人嘆為觀止。徘徊良久，得有心得，想東福寺之所以出名，大約與觀楓角度有關。平日賞楓，若是野景山景，那視線需向上；若是神社寺院內，坐在簷廊下自也是仰視或平視楓紅，斷無如臥雲通天兩橋上的景色，俯瞰楓紅如海，且距離還近，感覺上觸手可得，如何不叫人心花怒放？

小氣計算費用，竊以為若是在臥雲橋上已經觀到好景，那麼大可不必付費上通天橋，兩橋對望，景色相去不遠。反而是東福寺境內大大小小的寺院相當多，計有二十五小院四座庭園，與人潮相擠完，大可在不那麼知名的小院走走賞景，書院庭園枯山水皆有可觀之處。

那日便是被好景迷了眼，伏見的地酒就沒喝上了呢。

東福寺

長樂館之憾

不時有人問令自己印象最深的咖啡館，但凡提到京都，我的答案之中必然會有長樂館。

長樂館與其說是咖啡館，不如說是一間集合餐飲住宿與婚宴的營業場所，只不過總是被我當作咖啡館使用罷了。原身為明治年間菸葉大王村井吉兵衛的招待所，往來招呼過諸多當時重臣，為求時髦，裝潢上主要使用了當時最為流行的和洋式，調性又更偏西洋一些，至今從外觀來看，完全就是一所Mansion。若不是十分清楚的人，恐怕還不敢穿過花園直接推門進來。當時的人在評價此間時，覺得不遜於東京貴族專門用來招待外國使節的鹿鳴館，這才給了這裡「京都的迎賓所」如此愛稱。

鹿鳴館早已拆掉，而長樂館卻成為京都的文化財，撐過了百年，以另一種方式迎賓。我來過長樂館幾次，時間跨越至少十年，每一次推門進入，都會有種不確定感：這裡真的是隨便就可以進來的地方嗎？會不會如今已經不招待像我這般穿著牛仔褲形容邋遢的旅人了呢？不過每一次，長樂館的人都會掛上真誠的笑容，歡迎被雨淋得半溼、或帶著哭鬧中小兒、或在將打烊前半小時才敲門的我。不愧是京都的迎賓館。

長樂館最有名氣的，當屬下午茶套餐（對本地人來說負盛名的應該是婚宴服務），畢竟僅有六間客房的旅館，並不好訂。然而我旅京向來散漫，幾次叩門，都是隨興而至。於是按照迎賓慣例，如我這般的 Walk In 客人便會被安置在半地下室。雖然也是很美的空間，但畢竟坐了許多次，很想換到一樓的沙龍區，也優雅地喝一回午茶。然而再訪京都，已成「固定行李」的小兒如影隨形，想像不出與不愛甜食的小兒對座喝 High Tea 的情景，只好又回半地下室當客人。

小兒已聽過無數次他小時在長樂館哭鬧的情事，對於他大鬧過的地方很是好奇，隨著服務人員參觀豪華富麗的長樂館，聽其講述伊藤博文在此住宿觀景時，說願喜樂之心長在（也為長樂館之名來由），竟也慢慢為這棟豪奢的大宅折服，改變心意。

我大喜。立刻和侍者詢問訂位事宜，然午茶業已訂滿，午晚餐雖有空檔，但「真是抱歉，我們正餐時段暫時還不招待十二歲以下的孩童」。「沒有關係啊，再三年我就可以跟妳在這邊吃飯了。」自動排除甜品選項的孩子已經定下三年之約，願意與我在此花長長的時間，吃無用的飯。但我的午茶心願呢？難道還是終成遺憾嗎？

長樂館

山椒魚

京都車站左近梅小路公園一帶，可以說是帶小小人遊京的父母救贖之地，有鐵道博物館，還有水族館，合併使用可以打發一整天，安撫小小孩走看太多神社寺廟被超量肅穆暴擊的受創心靈。

京都的鐵道博物館設計概念中規中矩，場地夠大，擺放的車種相當多元。餐廳部分因占據地利，可以一邊欣賞火車一邊用餐，相當適合鐵道迷。館內特別的是有收票機的剖面可以看到收票的運作流程，算是在其他鐵道館比較沒有見過的，此外互動體驗也多，在這裡放生小人大約夠讓他們消耗不少電力。

相對比較新的鐵道博物館，已經有十年歷史、與其對門的水族館感覺上場地要小一些，但更受孩童歡迎。因為自家小兒是水族館愛好者，因此我也不得不走訪過幾次京都水族館，其他的不說，必須要先提的，就是京都水族館的明星動物。各地水族館多半都有自己的鎮館之寶，比如大分的海之卵有海象、沖繩的美之水族館是大鯨鯊，新千歲水族館的鮭魚、東京的墨田水族館的金魚，更不用提常常成為明星動物的水母或海豚。然而在京都，鎮館的明星動物是山椒魚。

如果對水族有點瞭解，第一個浮

現腦海的可能是如蜥蜴般大小的台灣山椒魚，不過在京都展示的並非台灣亞種的迷你可愛版，而是身形巨大的大山椒魚，有世界最大兩棲生物名號，至少在館內看到的就可以長到半個成人高，而且這還並非其極限。如果沒辦法明白山椒魚究竟是什麼，那麼它的別名是娃娃魚，現在能想像出這生物的形貌了吧。

因為是京都在地生物，本來當作主打明星無可厚非，會讓人印象極深還是因為日本人對可愛的堅持。什麼都要可愛化一番，實在沒辦法說是可愛的大山椒魚因為是鎮館擔當，當然也逃脫不了被可愛化的結果。於是一到紀念品店，就能看到一屋大型山椒魚娃娃對人開懷地笑，景象實在驚人，看著小朋友能夠自若抱著山椒魚娃娃貼臉，再想想剛才親眼見到滿身黏液的山椒魚，只能讚嘆小孩純稚的心靈還沒有被社會審美摧殘。

光是玩偶還不算完，某年聖誕前後去參觀，商店裡居然用山椒魚玩偶堆疊成巨型聖誕樹，而十年館慶時，還與旅館合作推出與山椒魚過夜的活動，在旅館床上擺著大型山椒魚娃娃，再把房間畫滿大大小小的山椒魚讓人訂房。我看著海報上的房間照片，為超出我對行銷的認知感到佩服，京都是屬於山椒魚的世界啊！我深深地這樣覺得。

京都水族館

京都鐵道博物館

神苑入口
京都モダンテラス
蔦屋

平安神宮的寧靜午後

岡崎一帶算是京都市內比較偏僻的景區，這裡最有名的是櫻花季的岡崎疏水道、京都近代美術館、岡崎神社和平安神宮。是以平日來岡崎，如果有閒，便會從祇園一路行來，從疏水道看起。若是時間不足以如此揮霍，多半會直去岡崎神社，看看這神社最有名的兔子。祀奉兔子神的岡崎神社平日清靜，唯有兔年時的初詣排隊參拜的人潮洶湧，等閒不容易進入。偶爾也會去拍附近的京瓷博物館，這所博物館深黃色的歐式外觀迷人，夏日為了躲溽暑，可能也會去近代美術館逛逛，不過不管如何拐彎，還是會走到平安神宮。

平安神宮在京都眾名所之間算是很新穎的地方，建造時間不過百來年，本身是縮小規模仿製千年前平安京皇室的部分建築。不過平安神宮後的神苑很有看頭，雖是明治年間建造，卻花費著名造園家二十年的時光精心打造，春秋兩季觀楓賞櫻都是一大亮點。神苑占地寬廣，但凡不是春秋兩季，多半都很清靜，很有機會獨享近萬坪的迴游式庭園。若是恰好在當月十號前來，這裡也有如同天滿宮一般的手作市集，雖然規模小了點，但是兜售的物品精緻度高出不少，很值得一逛。

平安神宮不會是此行終點，比較像

是此行為遮掩最終目的的煙霧彈。畢竟到最後，我若不是在平安神宮旁蔦屋書店二樓餐廳，便是在一樓星巴克。一手執咖啡，一手捧著書店抓來的攝影集。

從東京代官山打出知名度的蔦屋書店，其京都的分店就在平安神宮旁，外觀並不比代官山店遜色。建築本身雖不是特請名家設計，卻是由日本現代建築主義大師前川國男打造的前京都會館改裝而成，外表幾乎未變，能從其線條結構看出師從柯比易的影響。大約因為前身為會館，書店二樓的附屬餐廳十分挑高，配合蔦屋獨特的美學，打造出的氛圍便是帶有美感的舒適。視心情點杯咖啡或酒，只舒舒服服地坐著，便會有種在自家客廳邊烤著火爐的迷糊，偶然真的會盹著，那也舒服極了。

又或乾脆取書一觀，如此坐上一天也無妨。偶爾在此間閱讀京都相關的旅行攝影雜誌或文集，自拿本子做做筆記，預備稍後便按圖索驥。不過這個稍後時常拖至隔日，因為一時半會捨不得離開，一拖又過了一下午。

日本現在有許多蔦屋分店，也都很美麗。但沒有哪一間如京都蔦屋一般給我如許感受，有時想會不會是月在異鄉分外圓？然而代官山店也不曾令我自在。或許只能說京都蔦屋與我八字相合吧。

十牛之庭的十牛之力

圓光寺是江戶初期一間兼具教育與宗教產生的寺院，僧人就是學生，其在出版史上具有一定地位，但凡圓光寺發行的書籍，就會被稱為伏見版或圓光寺版。這段風光的歷史在神社的展示室裏多達五萬木制鉛字可以得到實證。不過如今遊人前來，多半為了兩件事，一是奔龍庭，一是紅葉。

奔龍庭在日本枯山水中算是少見的，原本枯山水主以石為山，以碎石為水，此外少見他物。石頭也並不常以具象的型態出現。不過圓光寺的奔龍之庭別樹一幟，不僅以瓦片在碎石中圈出或漩渦或流雲的樣貌，石頭也排出了幾乎明確的龍形，相當少見，因此得名。至於說到紅葉，那就是圓光寺另一頭的十牛之庭了。

十牛之庭倒不是庭園中有十頭牛的塑像（至少看不出來），而是以中國禪宗畫題中的十牛圖為庭園主旨。所謂十牛圖，是以一個人出門找牛，到發現蹤跡、見到牛、找到牛、騎著牛回家到人牛兩忘的過程，化做十幅畫，許是闡述本來無一物，何處惹塵埃的佛偈，據說在十牛之庭也擺了十個代表不同階段的石頭。只不過大部分的人來，可不是為了找石頭，而是為了看十牛之庭滿滿的楓樹。

我在帶兒觀楓的過程中吃夠嬰兒車的教訓，於是在立意來這遊人與一級楓名所相比要少多的圓光寺參訪時，決心純靠背帶背孩兒一天。也不敢多排景點，此前不過去了源光庵，靠著中間坐車的時間恢復體力。然而還是高估了自己的狀態，待步行至圓光寺時，已然很希望將孩子放下奔跑。偏偏一路過度興奮的大嬰孩至此也精疲力竭，不願落地。於是母親背著嬰兒與相機，正座跪在正對十牛之庭的內室，含淚欣賞秋楓。不料方坐下不過幾分鐘，孩兒因睏了開始哭鬧，方得休息的母親只好又站起身，選擇到十牛之庭的楓樹間不斷走動，讓孩兒得以安眠。

「散步」到最後，作母親的腰已經快挺不直，在寒冷深秋中汗流浹背，腿不行腰不行，果然要使出十牛之力方能逼自己邁步向前，並不斷以十牛圖自我勉勵，敦促自己快快進入（小）人我兩忘境界。

如此景況尚能記得十牛之庭楓葉不壞，奔龍之庭山水絕佳，想來，是很值得一去了。

圓光寺

詩仙堂是我很喜歡的地方，小而且非常工整的庭園和帶有疏闊之氣的古樸屋舍，帶來隱隱的不協調美感。不過若是想到建造者，就會覺得理所應當。

詩仙堂的建造者為石川丈山，家族世代於德川家康麾下效力，本人屢屢立功，深受德川重用。然而在對戰大阪時，因違反近侍不得搶登大阪城的規定被罷黜。許是另有隱情，石川丈山自此便剃度出家，專心學習儒學漢詩。即使為奉養母親不得不再度出仕，亦不肯再返德川體系。也許是因悔過，也許是因不滿。但在長久以忠心出名的石川家族內，終屬異類。儒學有成的石川丈山聲名鵲起，吸引各藩招攬，然除奉母所需的十三年外，其終其一生未再與政治有瓜葛。

曾有小說家言其乃為德川家康安置監視皇室的棋子，然直至九十歲謝世，石川丈山皆是專心致志鑽研學問。五十九歲時蓋了茅舍，命名為「凹凸窠」，因此地高低起伏，形如凹凸，後又有別名詩仙堂，是因他效仿日本三十六歌仙（和歌，即日本詩歌），選了三十六名中國詩人的畫像及詩句懸掛於主屋，此後石川即隱居終老於此。

一個武士出身而最終卻以漢詩儒學聞名的將軍近侍，一個家族以忠心聞名卻終生不再奉主的出家人，這樣矛盾的性格與極致的展現，或許就反映在他一手所建的居所。詩仙堂小巧，獨居卻很舒適，庭園精緻異常，毫不馬虎，屋舍卻是樸實茅屋，未見過分講究，某一部分也挺能代表京都的矛盾氣質。

詩仙堂最有名的季節便是楓葉季，紅楓環繞小巧的枯山水庭園，紅白分明，煞是美麗。然而人也最多，雖不能與其他名所相比，但因為實在小，影響便更大。

我四季皆來過，據說山茶花與杜鵑的季節也很美，然而回回來，花皆不旺，似乎獨厚秋季。若為楓葉故，不妨與修離宮、曼殊院與圓光寺連在一處遊賞，但要我說，請在淡季來，往往可以獨享詩仙堂，坐看庭園，遙想當年隱居的石川，恍惚間似能忘卻時光隔閡。

詩仙堂

柚子

偶然經過捷運中山站，發現一間以京都柚子（日本漢字的「柚子」係指香橙）豚骨拉麵為名的餐廳，人多到要滿溢出來。原來有這麼多人喜歡柚子味嗎？

雖然是以京都為名的店，京都也確實有些餐廳將柚子入菜，但要說柚子是京都名物，恐怕還差上一點。真要說起來，九州才是以柚子味聞名，比如起家自博多的一風堂，當季的時候就會推出柚子雞肉豚骨拉麵。不過九州特有的柚子胡椒味不只嗆辣，還鹹，與京都純取柚子清香的作派不同。其中有兩間以柚子聞名的店家，對於柚子愛好者如我，一吃難忘。

八坂神社旁的「柚子屋旅館」是其一，原是一間旅宿，至今也以旅館生意作為主要營生，走得是新派傳統路線，一共僅八間客室。一如其名，柚子乃是該飯店的基調，備有柚香濃重的風呂、各種柚子香氛的盥洗用品，就是屋內乃至客室也點上柚子香。因為是食宿型的旅店，餐飲的部分也是一大重點。印象中剛開幕時餐廳並不接非住客的生意，不過時至今日，餐廳早已獨立出來，名為一心居，正是以柚子火鍋打出名氣。

此處有名的鯛魚柚子鍋，其柚子

與豆腐均產於京都，鍋中除了以柚汁調味，還要講究地連皮一塊兒下鍋涮，逼出皮上的精華。魚片得極薄，透明可見盤底花紋。最後的雜炊更會放上整粒柚子燉煮，待米飯吸飽湯汁後酸鹹鮮齊備，兼且濃香撲鼻，果然絕品。

不過價高，畢竟是有人宴請方得一見，平時無事不捨得花這個錢。何況女將又正坐在側伺候，旅途中一身勞累，想稍微閒散不正形也不好意思。於是真要在京都饞起這口，我還是會去先斗町。

從四条通轉進先斗町走個兩三分鐘，就能在左手邊看到柚子元餐廳。這是在先斗町中也難得見的隨性餐廳，和一心居的雅致京味完全是兩回事。店裡走熱熱鬧鬧大大咧咧風格，但吃起東西來就痛快。有名的也是柚子火鍋，味道要比一心居還重些，講究的是豪邁。大把九條蔥粗豪切開就扔進咕嘟煮著雞肉的柚子鍋裡，剎那間蔥嗆柚香濃濃裹上味薄肉嫩的雞肉，要多香有多香。柚子元也有鯛魚鍋，甚至也有蝦與豚肉鍋，但我以為柚子當配味道清的肉類，鯛魚雖清雅，口感卻不比雞肉有嚼頭，每每來此都以雞鍋為首選。

雖然沒有女將雜炊這套功夫，但柚子元手工製作的青柚餃和黃柚餃亦是一絕，味濃的絞肉伴著清香柚皮碎末，連餃子皮都揉進了柚香，叫人直嘆來此何必吃雜炊，光吃柚子餃便心滿意足。如此風情各異的兩間店，一頓柚子鍋價差三倍，但吃哪間都叫人深深記著京都柚子香，不虧。

柚子屋一心居

柚子元

京夜梟

在世界任何地方看到可以親近貓頭鷹的店家，我都會毫不考慮地花錢進去體驗。不一定非要是在京都。不過若是京都有一處只要花些許錢，就可以不限時間和十多隻貓頭鷹待在一處，對於喜歡貓頭鷹的我來說，就是至福之地吧？

新京極就有一處這樣的地方，名為貓頭鷹之森，據說是間連鎖店，在日本其他城市也有。藏身在商店街的二樓，招牌秀氣，不大的店一共藏有十六位貓頭鷹員工，分居在真假參半的樹叢間，有些瞪著大眼盯人，有些懶懶散散地整理羽毛。褐色的、灰色的、白色的、米色的，或大如嬰孩，或小如手掌，各自有居處地待著，等待「上工」。

進來的客人要先消毒手，聽從員工必要的講解。比如僅能以手背輕輕從頭順摸到尾，不可以肆意輕薄貓頭鷹員工們的其他部位，有些正在做員工訓練的，還未上工，請勿騷擾。也有今天輪休的，雖然也在公司，但還請假裝沒有看見，人家正在放年假呢。

另外為了避免不必要的嫌疑，也要請客人離員工稍微遠一點，不然有了誤會可不好。聽完講解，就會把對店面太小而扣掉的分數加一點回來，雖然看起來不是太體面的公司，但還算照顧員工嘛。

我曾經在各種地方看過貓頭鷹，貓頭鷹之森在其中絕對不算硬體設備好的，但貓頭鷹們的羽色光潔，精神完好，喙和爪子都還健康，雖然可憐地窩居著，總算不是被太壓榨。來參觀的客人們大半還是日本人，秉持著律己的民族性，在狹小的空間中輕聲細語，撫摸貓頭鷹的動作輕柔而克制。大約也有點因為日本將貓頭鷹視為招財招福的象徵吧？

我猶記得懷孕時收到一份貓頭鷹中藏有小貓頭鷹的安產御守，自此陸續發現幸福、招財、納福的各式貓頭鷹御守，這才驚覺原來夜半不睡的貓頭鷹，在日本是吉祥的象徵。

從門票一張六百日圓看到如今的一千日圓，從還單身到帶著寶寶到帶著小少年，到貓頭鷹之森的一樓開出了姊妹店豹貓之森，已經不記得來過這裡多少次，但令人欣喜的是每次幾乎看到的都是熟面孔，多少代表了這裡的貓頭鷹員工有好好被對待。每回來輕輕撫摸他們蓬鬆的羽毛，看他們舒服地仰頭閉上眼睛，就會感覺愉快。雖然不是經典必遊地，卻留下了我最多的京都回憶。

貓頭鷹之森

毛絨絨

大約京都本來就和貓契合，貓咖啡館相當不少。連鎖狀態的有 MOCHA 和 Puchi & Marry，兩間消費都不低，規則也多，前者位於百貨公司內，占地卻不算小，裡面的每隻貓都嬌滴滴的，高傲得很。後者特別在於店面雖然看不出所以然，但內裡的空間感相當好，淺色的木系風格，且穿插大書架放置眾多漫畫藏書，很可以抱著貓咪看漫畫。

町家貓喫茶うたねこ堂是完全不同狀態的喫茶店，貓也多，偏慵懶，藏身在町家內，室內的各種細節都非常講究，光建築大約就有百年歷史。店名則來自「寬平御記」，乃是第五十九代天皇宇多天皇的日記，因為記述了諸多他所豢養的黑貓日常，被稱為最古貓奴日記。天皇所養的是黑貓，店中唯一的黑貓就自然而然成為店長。店名來頭如此大，店裡的裝潢也就要趕上，於是造出一派完全是京都富裕人家的閒情雅致，土耳其式的地氈和仿古家具，特意打造的六角貓爬木格，和洋調和式的咖啡酒吧反映了京都的時代感，兼且飲食亦很仔細，多弄上了貓咪圖樣，非常可愛。這一點同樣是町家風格的 SAVON'S BAKE FACTORY TAMAYURAN 也做到了，其飲食完全是少女感走向，且不只視覺厲害，滋味也相當不錯，亦是同類咖啡中的一絕。只是町家本身就是日常

的庶民風格，也許還稍偏一點舊物混雜感，貓也不算多。

若說偏好野性感比較強的貓咪，貓頭鷹之森的姊妹店豹貓之森可以試試，這裡的貓咪全數皆為豹貓（Bengal Cat），身材纖細紋如花豹。店內設計如同貓頭鷹之森，帶有強烈的叢林感。不過貓卻很溫順，能乖乖坐入懷中讓人抱著，倒不是如小豹子般倨傲不馴。

若說是我自己比較偏愛的，大約要算是Fluffy's Cafe，很日常的咖啡館，觀光意味不那麼強，大小適中，價位剛好，而貓咪實在多，只要一捧貓食，貓咪們便會一擁而上，將人包圍，讓人享受滿滿的貓奴之樂。要我說，比起觀光氛濃厚、在其中動作不免拘束的うたねこ堂，或是捧著點心貓咪依然愛搭不裡的MOCHA，Fluffy's Cafe才最有貓咪咖啡館的樣子呢。

町家貓喫茶 うたねこ堂

Fluffy's Cafe

豹貓之森

秋奈良

秋楓的紅葉時期比起櫻花要長得多，因此秋天賞楓的人潮大體上要比櫻花季稍微好一點，然而也因此人潮似乎沒完沒了，總要過了十二月中才算清靜。雖然若願意大老遠去到光明寺之類較偏僻的地點，大約可以看到美得驚人又安安靜靜的紅葉，但有時又太偏了，忍不住會想到底為什麼要到荒郊野外呢？

偶爾有這樣鬧情緒的時候，不如就去奈良。

奈良的吉野山賞櫻賞楓都有名，室生寺、朝護孫子寺俱是賞楓名所，不過地處偏僻，是以不是目標。既是求心寬，便該去看大草坪。但凡不是週末，奈良公園的人這時間都不會多，儘可以放心大膽地前往，逗鹿玩楓，光是在草地走走，看楓葉在溪側嫣紅，能試著拉近鏡頭，縮小光圈，拉長快門，以圖拍攝楓葉襯如雲瀑的水流。

而秋季本美，未必須要獨厚楓葉，也可以試著走入公園深處的雜木林，林間幽靜，而此時落葉豐軟，踏上彷彿地毯，又是一番情趣。若是時序已晚，還能看到轉作金黃的銀杏，層層疊疊暈染一片，好一幅人間秋色。

偶爾隨著鹿群走向春日大社，沿路落葉繽紛，地上點點都是紅色、兩端尖而中心圓的葉子，點點圈圈，黏貼在地，不知其名，但並不是楓葉。所以楓紅也不能說就是獨美。然鹿群的確是此間獨有，於是襯著杏黃楓紅為底，再幫小鹿拍兩張吧。實在不甘心辜負秋楓，就在附近，也有一處依水園可以看楓。依水園是占地寬廣的日式迴游庭園，園中能攬山品茗，能看楓紅，又可一覽東大寺。園內有小湖，楓樹圍繞，若天晴而風不勁，亦有水面倒影可賞。

又或可搭臨時巴士去稍遠的正曆寺，寺有千年，楓有三千株，別名錦之里，以此讚楓紅之盛，其秋色彷彿織錦於群山間。

但我要說，心莫要那麼大，偶也可以漫無目的地閒走，亦是旅途中難得的轉折。況且奈良最宜散步，有林有木，有寺有湖，大小又正正好，在此一吐胸中濁氣，養精蓄銳，轉回京都又是一條好漢，足可以在人群中衝鋒陷陣，獵楓攬紅，豈不正好？

琉璃光院琉璃門

在我在去琉璃光院前，並不知道這是一間期間限定寺院，一年僅在特定時段對外開放。只不過聽說那裡秋天的楓葉很美，就決定前往。大約是這樣無知無畏，才敢這麼輕易地帶當時年僅一歲四個月的小兒前往。

瑠璃光院位於八瀨，相傳是天武天皇在戰爭裡中了箭傷，在八瀨的釜風呂（溫泉）裡將傷治療好，自此成為皇室貴族武士的休養勝地，大約因此並不屬於庶民向的寺院。因為是休養地，位置自然比較清靜，要搭叡山電鐵到八瀨比叡山口站，再沿路步行十多分鐘才可至瑠璃光院。

雖然是僻靜的地方，琉璃光院的秋一點都不清靜，這可從沿路的人龍就可知道，下車之後無須擔心迷路，跟著人群走就能到。我已推著娃娃車到過諸多寺院，見識眾多賞楓人潮，本來並不擔心。還好整以暇欣賞雅致院門、漫步過山露路之庭，帶著小不點看庭中池塘的大肥鯉，才隨著人群進入觀楓的重要戰區，書院。

相比其他寺院，琉璃光院實在不大，進入書院便是擁擠的人潮，雖然知道著名好景便是從書院中的書桌上借反射拍攝庭院楓紅與倒影映照，不過這不可能拍成。嬰兒車已經停放寺外，小兒的年紀正是人憎狗嫌，為了看束他，早繫上了溜孩繩。當時已在京都多日，這法子本來並無不可。頂多拍照不方便。然而琉璃光院的人實在太多，母子倆每每被擠到邊上，這時就會發生慘況。

雖然不知道是為了符合院名還是怕遮擋好景，琉璃光院的拉門多半不是紙扇，而是頂上嵌了和紙、其下全是薄透玻璃的脆弱拉門。於是當我們被擠到邊上時，好奇的孩子便一扇扇敲過去，聽那清脆的聲音，自得其樂。這還得了！不只是身為母親的我心中警鈴大作，書院中一直睜大鷹眼彷彿監視賞楓客的和尚更是直接驚起，匆匆跑到我們身邊鞠躬作揖，麻煩我看緊孩子。

好吧，這下算了。為了保護琉璃院的琉璃門，再三道歉後我灰溜溜地背上大相機抱起孩子逃離現場，有些景色記在心中便好，何況門外池塘的錦鯉也不錯。孩子，我們還是去看胖鯉魚吧。

櫻花楓葉兩醍醐

如果在京都只能挑一處賞櫻，那麼必定是醍醐寺。這句話出處不可考，不過幾乎是訪京追櫻者的共識。確實，從歷史與美感的角度上，醍醐寺無疑是櫻名所。它建於西元八七四年，幾可算是京都最古老寺廟，不過除了寺內的五重塔是原物保留，餘皆因戰火焚毀。直要到一五九八年，豐臣秀吉無意間見破寺，立意重修，並移植近江櫻花於寺內以大行櫻花宴。相傳光是赴宴女眷攜帶的和服便有上千套，盛極一時。然宴罷不過五個月，豐臣便謝世。時間的巧合，恰為醍醐寺說了一個好故事。如此前有豐臣秀吉移七百株櫻的手筆、又有大宴天下的賞櫻宴軼事，再添豐臣一系盛極而衰的悲劇，醍醐寺諸櫻盛放於伽藍、靈寶館和憲深林苑豈止華美，實為能稱頌一時的勝景。

然而提起醍醐寺，首先闖入腦海的卻是弁天堂的那片楓色。

莫誤會，醍醐寺之櫻的確驚人，然而寺廟與櫻花的搭配，在京都隨意能指出許多處，雖未必能與醍醐寺媲美，但總讓醍醐寺櫻花少了一點稀缺性。然而在醍醐寺後方的弁天堂，先是要經小路曲徑通幽，寬闊處入眼的便是一面湖，湖邊鑲嵌上一輪橙黃紅豔濃綠的扶疏枝葉，再有一小座紅拱橋越湖而過，仿若七夕的鵲橋，靜待織女從那側掩映在紅楓之間的弁天堂走出，徐徐跨橋降臨人間。湖面如鏡，丹楓似火，燎原的濃烈定格在靜謐的湖水中，一眼難忘。此後但凡再提到京都之楓，往往便是這幕重臨眼前，記憶如新。

這般好景即便在楓紅處處的京都，亦是難得之極，許是孤陋寡聞，竟想不出一處相類。

更好的是，雖然醍醐寺的人潮不少，但要比起東福寺等楓葉大點，卻又要好得多，要是起早入寺，得到空景美照的機率不低。即便不在春秋大季，醍醐寺亦不會叫人失望。比如歷史超過一千一百年的五重塔，五層重檐斗拱交錯，亦是京都現下最古老的木造建物。三寶院則為豐臣秀吉親手設計，靜坐觀庭，也許能在其中窺見一代梟雄的心胸與格局。

但當然頂好還是來看楓，早來些，慢慢散步於湖畔，待遊人漸多時轉進只在春秋開放的靈寶館參觀館藏，末了進寺內的餐室阿闍梨寮寿庵點份湯葉丼，午後或可轉往山科的毘沙門堂，看落楓如毯的另一種極致，如此便可說是京都秋日完美行程了呀。

醍醐寺

京都常駐代表

我是在一次倉促的秋楓旅行中認識京都樵。

當年的身心狀況皆不佳，因為種種預期外的原因交錯，造成最後帶幼子獨旅京都的結果。旨在散心，且決定得過分倉促，在楓紅季節搶不到京都住宿根本是意料中事。我先是仿效現代人在臉書上求救，然而因為待得時間不短，心裡已經預備好住大阪甚至姬路也無所謂的態度。

不料萬事問臉書還真有其效果，不過一日，一位由朋友處得知我狀況的大姐發信來，說是她在京都經營民宿，雖然我要去的時間他的住宿處已經被訂滿，但不忍我帶著孩子在外奔波，運用人脈，特別為我和孩子找到一處平時並不外借的公寓，讓我們能在京都落腳。

這位大姐便是京都樵。本姓林，住在京都近三十年。

起初經營的民宿便是她的住所，位於東山區，清水寺的山腳下，前往清水寺非常便利的地點。那次自然碰面，即便並不宿在她處，林姐依然約著我和嬰兒，去了不少非當地人不知的去處，見識了不同風景。過後由臉書追蹤，每每都還能從她的臉書上，發現未知的京都，甚而可以說是從她而找到行程的靈感亦不為過。

也住過她處，一戶建住宅的一樓房間。簡單敞亮的塌塌米式，鋪蓋被褥都蓬鬆清香，無什麼多餘的裝飾，卻極溫暖。最特別的便是深夜回來，林姐總會親切地關心冷沒餓沒，然後或湯麵或咖哩，端出一些可口的家常菜作夜宵，怕住客不好意思，便說那一起吃吧，邊吃再邊閒話家常，指點京都還能去哪。有了林姐彷彿自此在京都也有了個家，晚歸也有人噓寒問暖，總能在獨旅的夜晚，分外暖人心腸。

林姐的經營方式向例是口耳相傳，原本擔心疫情間是否能支持下去？又不好開口動問。不過疫後返京相見，這才知道民宿生意非但未見困難，還擴大經營了，目前已有全棟出租的新址，真是可喜可賀。

「我才要恭喜你，當年的小嬰兒如今這麼大了！我都會從臉書看他近況，真是完全不一樣，現在都不用你擔心了吧？」

林姐笑瞇瞇地看著我兒。當年她還可以抱在手上的嬰兒，再見面已經是三年級的小學生。而她一如往昔，熱情朝氣，還是熱熱鬧鬧地與朋友相約、幫忙旅人的大小困難。

有時想想多麼神奇，靠著現代的手段維繫了遠在古都的一段情誼。而我始終感覺與京都有條淡淡牽絆住的線，那條線，或許就叫京都樵吧。

京　都　樵

舞伎變身

少時心思沒有放在許多女孩到京都就想試的和服上，一方面也覺得費時又費錢。然而某次在嵐山散步，偶然看到「舞伎變身」招牌，要價低廉，大約只要京都的一半多點，招呼的小姐頻頻說很快的，只要二十分鐘就能變裝完畢。心下覺得可以一試。一時也沒搞清楚和服和舞伎的差異，迷迷糊糊就坐下來打扮上了。一回神，鏡子裡一張大白臉盯著我看，眼尾是紅的，嘴唇宛如血盆，頭上還頂了偌大的假髮。驚得說不出話中，旁邊的女店員還一個勁地誇好看，真是服務業的最高原則，說謊不打草稿啊！我嚇得立刻卸妝，連照片都沒拍一張，從頭至尾能欣賞的僅有脖子上那一小截白粉敷上的圖形。

自此很長一段時間，都提不起什麼和服舞伎的興致。

再後來與先生同遊京都，這次好好打量路上男女，這才發現也可以租借正常的和服穿嘛。於是終於花了點心神，先瞭解浴衣和和服的差異，再區分花紋和袖長這些可以作為正式與否、年紀身分是否當穿的微小差異。這要細說起來話會說得很長，言而總之，以我當時的年歲穿大振袖（袖子很長花紋華麗）這種給成年禮女郎穿的衣服並不適合，想要最簡單的色無地（單一素色，只以腰帶做花樣），店裡還沒有提供。最後挑了大約算是付下（圖樣多變但圖與圖間不連接）的款式，大冷天，外面又罩上了羽織（長外套）和圍脖。

穿上和服在路上行走的體驗很特別，一來身體行動受限，動作會不得不文雅起來，許多事急不得，便只能慢慢看，不會一眼錯過。這才讓我終於發現經過無數次、店面極窄小的天空庵，裡面以迪士尼圖樣結合的日本工藝品精巧有趣，自此來京都便會刻意來看看。

也因為服飾的不同，分外注意起自身。往昔旅遊多半著重在拍景或拍同行者，少有自身相片。這次便不同，屢屢使喚先生拍攝，然後又一一數落其人像拍攝技巧，勉強也算是一種情趣。

再來便是有許多忍不住想要來合影的人（多半是歐美遊客），或是想要純拍我的人（多半是亞洲遊客），突然變成明星般受歡迎雖然有點不適應，但若要滿足虛榮心倒是恰到好處。

這樣說吧，如果有意租借和服，京都最宜，不僅情懷相符，也最能感受大和文化氛圍。至於是不是要遵守挑選和服的規則，這見仁見智。不過實穿方便的浴衣，僅在夏季時方能租借就是了。

在京都逛市場

如果可以，在歐美各地旅行時，喜歡租住有廚房的地方，旅行間自己動手煮食，運用不熟悉但美味的當地食材，也是旅行的趣味。不過在日本時很少如此，畢竟覓食在日本是太容易的事，方便又不貴，特地留出時間自己動手反而不太必要。話雖如此，市場還是會去逛逛，大約不會真的買菜，不過總有些熟食小吃，可以隨手試試。

在京都，這樣的地方自然而然便是錦市場。錦市場是一條窄小的商店街，兩側羅列了各種吃食，有新鮮蔬果，也有幾攤魚肉，不過更多的是半成品。早年很喜歡逛，尤其喜歡市場底那間有名的豆乳製品，或是買豆香清甜的豆乳冰淇淋，或是買口感紮實的豆乳甜甜圈，站在小店旁急匆匆地吃完，有種孩子般的幸福。錦市場的小餐廳很多，知名的抹茶店也隱身此處，仔細一點走逛，時能發現許多樂趣。然而這幾年觀光客越發地多，錦市場販售的東西也悄悄有些改變，更觀光了一點。說不清好壞，蓋因遊人實在太擠，這些改變有時也無力觀察。於是這幾年比較常去 FRESCO。這是大型連鎖超市，價格平實。雖然不太在京都做飯，但買水果卻是很必要的。京都的餐飲菜蔬的部分實在寡淡，水果卻相對豐富，若是旅行天數稍長，便喜歡在這裡採買牛乳與蔬果，或是傍晚六點半後打折出售的熟食。FRESCO有時也租用歷史建築，因此在逛超市時還能別具風格。比如河原丸太町店，是從前舊電信局改建，門面看起來就十分不同。某些FRESCO有京都伴手禮的陳列，和車站的名產店賣的東西有點出入，有時實在不知道該買些什麼回去送人，就會乾脆來這找找靈感。

近來的新寵則是六角堂附近的八百一本館。日文裡的八百屋就是蔬果店。八百一也是以果菜公司起家的企業，後來轉型成為連鎖超市，開店至今也有快五十年。多是進駐在各大百貨公司地下室。「八百一本館」算是八百一超市的旗艦店，獨自擁有整座大樓。一樓是超市，二樓有知名的雜貨鋪，陳列的商品主要環繞在飲食，如餐具和食譜，都很具有設計感。此外還有幾間餐廳。最特別的是三樓，直接開闢出屋頂農場，名為「六角農場」。農場栽種的京野菜，就是直接用於附設餐廳，完全的自產自銷。八百一本館的陳列方式要更像百貨公司，有種高級感，但價格並不比較貴。若是剛巧一日旅行在六角堂附近結尾，我都會特別去看看八百一本館二樓的餐廳「京小菜」（きょうのおかず）有沒有空位。這裡的調味清淡，菜蔬也較多。吃罷正好去一樓搜刮麵包水果，當作隔日的早餐呢。

八百一本館

錦市場

一刀破竹簾

京都充滿日本皇室色彩，步調幽緩貴氣，講究日常生活各種細節，一開始看到這體驗時，有點不可思議。究竟什麼人會想在京都這種地方揮刀呢？想歸想，還是躍躍欲試。提供這項體驗的地點隱身在寺町京極商店街裡，一間名為武士忍者體驗博物館內。大約名字嵌了忍者，地點也配合了忍者感隱藏起來，雖位居鬧市，還要費點心力才能找到。

不瞞您說，如我一般的好事之徒所在多有，大部分是歐美來客。原以為這樣完全朝向觀光客的地方，唬人的性質比較高。不過館內確實有點東西，從武士盔甲到武士刀的收藏，都足以應付門外漢討的新鮮。講解員說得有趣，把從前蒙古欲渡海攻打日本三次，皆遇颱風而返，這段我們爛熟的歷史說得生動，讓一幫子沒聽過的老外一愣一愣的。

不消說，換裝拿刀劈才是重頭戲。一夥子看起來分外膽大的都去穿上了武士袴嘗試真刀劈砍，倒也不是一上來就讓劈，要先從拔刀、握刀、揮刀、扭身劈這幾個動作練起，動作不難，不過要帶出氣力才能真正劈出點東西。指導的老師是居合道師傅，所謂居合便是挨著坐時也能迅速起身以太刀迎敵的一門學問。老師教得毫不馬虎，歐美大漢們穿上繃緊的武士服也聽得認真。先從仿刀練起，動作熟了再用真刀。真刀對應身高有長短分別，但入手相當沉，平時四體不動，認真練很快就感手臂吃力。

並不是太隨便的課程，整體來說算是辛苦地揮刀兩小時。最後的挑戰是將一幅竹簾捲起豎立，摒除雜念，對準了一刀劈去。這時就是切實體驗武俠中運氣於手，或日漫裡爆出小宇宙的實戰時間。至於能不能一刀兩斷，就要看有沒有將其融會貫通了。真刀的課程僅提供十八歲以上的人參與，仿刀的體驗也有，現場還有三歲孩兒舉刀的。若是比較想試試手裡箭（飛鏢），也可以選擇假扮忍者。什麼？問我劈斷沒？怕說出來嚇到人，還是不說為好呀。

武士忍者體驗博物館

竹久夢二的二年坂

在二年坂上信步走逛，拐進彎處就看到在一片低矮的町屋後，是一棟優雅卻略不合宜的和洋折衷樓房。算是間餐廳吧？門口掛了「夢二 Café 五龍閣」的字樣。建築是由京都大學建築學創立者武田五一設計，被登錄為國家文化財產。進去被安置在馬賽克拼花的大圓桌上，牆邊是不知道還能不能用的壁爐，紅毯鋪地，厚木作樑，與氣派的外觀相呼應。陳設上以西風為主，細節上看得出和式的小心思。京都許多地方如此，彷彿大正浪漫的年代還未遠去。五龍閣不過以更宏大具體的態度展現罷了。點了咖啡，細看店家資料，才知道之所以以夢二為名，是因為店主人的先人與大正浪漫代表人物竹久夢二有私交，收藏了一些信件與繪畫，是以雖然建物本身並不與夢二有關，卻也以此命名。

竹久夢二的活躍年代幾乎與短暫的大正時代重疊，大正時代即大正天皇執政時期，此時明治維新已過，日本在對外戰爭中連獲勝利，從積弱中建立自信，藝術文化並女性地位在此時期躍升，主流的思維便是和洋折衷，反映在建築與美學上，便是東西方美術的兼容並蓄。

竹久夢二就是此一時期的代表，因搭上了當時新媒體，雜誌的風潮，將他擅長繪畫的長睫大眼美人做為雜誌封面設計，或樂譜上，或書幀上，一時蔚為時尚。所作雖未必能被藝術大家認可，卻為升斗小民親近，從而為一時代表。這位先生與京都的關連實是源於韻事，他在東京與年紀小十二歲的少女彥乃相識，彼時夢二已婚又有子，彥乃的父親自然不可能允准，是以夢二搬到京都，彥乃再以藉口欺瞞父親追隨而至，在京都二年坂展開同居生活。然為時不過一年多，彥乃便因結核病去世，只餘身影在夢二的文字與圖畫中。

夢二與彥乃的戀情是否值得推崇？夢二的作品是否當稱大家？這都不是我的事，然而在二年坂上，有這樣一處地方，恰好地反應那個年代，還具體而微地將那分活躍浪漫地氣息保留至今，卻是旅人的幸事。若剛好是夢二的愛好者，可以在二年坂上仔細尋找一間名為港屋的小店，門口不打眼處立了小碑，寫著竹久夢二寓居之跡，不只是夢二短居之地，也賣有竹久夢二的相關商品，可為紀念。

二　龍
夢五

骨邊肉

都說連著骨頭的肉吃起來最香，雖然刀叉切不乾淨，拿著骨頭啃又不太雅觀，喜好這一口的人還是相當不少，可見骨邊肉確實深得饕家喜愛，小小不便都不放在眼內。

我也愛吃骨邊肉，特別吃羊小排時，還會裝模作樣拿紙巾包著骨頭直接上手啃。美其名曰這骨頭就是要用手拿的，可不算無視餐桌禮儀。骨邊肉好吃，乃是因為此處肉質運動多，又帶骨香，這道理對魚肉來說亦是。不過話雖如此，可沒想過在文雅的京都，端上桌來的是這道菜。

某日因為行程豐富，回到飯店歇腳時已經很累，並不想去什麼遙遠地方用餐。於是就在飯店推薦的地圖上，挑了飯店斜對面的漁師夢家（夢処・漁師めし雑魚や）居酒屋，信步走了過去。町家風格的店門面很小，打開門窄小廊道右側滿滿堆疊著水缸，海的味道撲鼻而來。

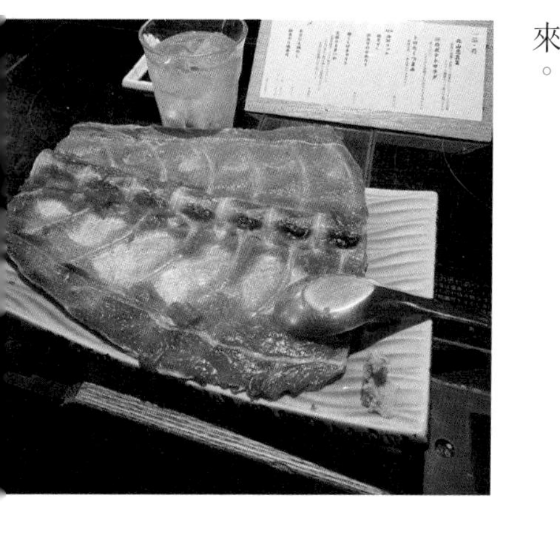

不能說是慣常看到齊整的京都店家，是有點潮溼陰暗，帶著老房氣息的居酒屋。不過生意很好，目前正是很熱鬧地被公司包場了。本來店家擺擺手表示這下有活動不好接待我們，後來看看大約我多少還能用稀爛的日語溝通，或看著我帶孩子心軟，總之又迎著我們進去，安置在吧台。

餐廳的服務人員沒有英文程度可言，從到底能不能入座開始，到坐下來究竟點了什麼東西吃，基本都是你說我猜。大致還行，就是在解釋火鍋套餐的前菜上，我無論如何聽不明白。不過沒關係，上就是了，出門在外就是要嘗點新鮮。結果上來就是一大片連骨鮪魚，肉大致被除去，剩下極薄的一層透明能見骨，外加魚骨和魚骨間的細肉，還是生的。再遞給了我們兩把鐵湯匙，這就是要我們拿著湯匙刮肉吃，這下果然是方方面面都很新鮮。

本來以為這樣吃孩子不接受，不過並沒有。這位小孩自己動手刮肉，還特別表示這個部位的魚肉比他吃過其他部位都好吃。

確實，我也是初次品嘗，感覺特別甜美，也更有口感。上菜的小哥看著我們這對異國母子大快朵頤，鬆了一口氣，又送了一杯飲料給看起來很懂吃的我家小人。總之，語言通不通不是重點，這晚吃得就是舒暢，招待的小哥小姐努力讓店內唯二的觀光客賓至如歸，後送上的燙鍋子亦是味鮮湯美。總感覺像是在哪個日本鄉下，被溫情地好好招待了，而不是在稍嫌冷漠的京都市中心。

就是這麼一家店，很推薦。

夢処・漁師
めし雑魚や

河原町

一般來京都遊覽，熱門的住宿點有二，一是京都車站。此區交通方便，舉凡巴士地下鐵火車無一不有，入夜也還算清靜，購物用餐皆很有得選，最宜京都以外，還想遠征他地的遊人。再來就是四条河原町，除了搭火車稍許沒有那麼方便（但有京阪電車足以彌補），餘皆一般無二，更有勝者，便是此地乃京都最繁華地段，便是午夜時分，街上都未必冷清。

早年來京都，多摒棄四条河原，嫌貴也嫌吵。大半選京都車站周遭住，一來年輕心大，仗著身有周遊券，一日內硬要京都姬路京都名古屋地跑也不當一回事，圖往來方便，也圖吃飯迅速，車站內隨便找個定食便當就打發一餐，心不定，只貪著能看更多。再後來好事，也硬去嵐山住過，說是要感受自在，嵐山入夜真是一片寧靜。太寧靜了！一個人分外孤寂。於是又轉去了京都市役所一帶住宿，房價稍許便宜，生活機能良善，交通還行，算是愉快的住宿地。然而兜兜轉轉這麼些年，近來到京都，終於還是落腳四条河原町。畢竟想看的大致都看過，許是年紀稍長，覺得住在熱鬧點的地方也不壞。若是帶著孩子，什麼都不規劃，只在旅館周遭晃蕩，也有街頭雜藝可看，百貨公司能逛，有趣的咖啡廳甜點店能坐坐。步行距離可到花見小路巽橋八坂神社錦市場，還可以在四条大橋上看魚找水豚。要真是耐不住塵囂，旅館門口巴士一上，直奔大原三千院，那也是很愉快的郊遊了。

一旦深深感受好處，便覺得極難脫離四条河原，更不說，找著了相當不錯的飯店。飯店名為空庭，就在河原町通上，四條河原町的交界處。實際在飯店門口還算清靜，不過只要抬腳走兩分鐘，馬上熱鬧無比，再方便旅人不過。裝潢上一派新式仿町家風範，大廳備了各式軟飲和冰棒冰淇淋供住客隨意取用，號稱是溫泉旅館，也就提供了景色不壞的男女湯，其間甚至有不常見到、深一百二十公分能站立泡溫泉的立湯，（京都並非著名溫泉地，早年溫泉旅社只集中在琵琶湖一帶，因日本地理因素，只要挖地夠深都可能挖著溫泉，於是號稱提供溫泉的新旅館所在多有），頂樓是其招牌，以石材火炬妝點出加州風格，卻闢了一條足湯，另每日招待住客一杯美酒。於是賞楓歸來，可以抱著毯子上頂樓一面泡腳舒乏，一面與親友飲酒閒聊今日見聞，同時眺望東山區風景，若天冷還能靠著爐火，非常愜意。

「都不能看 YouTube 太討厭了。」唉，這麼好的住宿點大概也只有我兒才嫌棄了。

空庭

冬

古寺越年鐘，
杳杳一百零八聲，
窗外雪朦朧。

——三橋鷹女

宿町家

行旅日本的樂趣之一，就是找間傳統小旅館，住個幾晚。這樣不是連鎖性質的旅館，房間多半是塌塌米，房內頂多有個坐廁的單間，要洗澡得去外面。稍微大點的，或許還有公共澡堂可以共浴，要真是傳統小家庭旅館，就是一般的浴間，在外側沖洗完才可以泡進旅館主人已經備好的一浴缸熱水裡，泡夠了才又起身踱步回房。這樣的旅館住過不少次，頗有別於西式大飯店的樂趣，又不是冷淡的Airbnb，早上總有一套熱騰騰日式早飯，也有鞠躬哈腰的女將或掌管飯店的老夫婦有禮招待。

這樣的旅館，京都當然也很多，但我覺得，不必然是非得在京都感受的住宿方式。在京都，要住便要宿町家。講究的不是傳統服務，而是傳統屋宇帶來的懷舊氛圍。

雖說町家並非京都所獨有，但畢竟完整保留此類老屋的都市並不能算太多，而住在這樣的老屋內，打開窗戶看到的是保存完善的京都景緻，且又是熟悉的東方風情，於是能輕易代入，恍惚感覺自己並非摩登現代人。

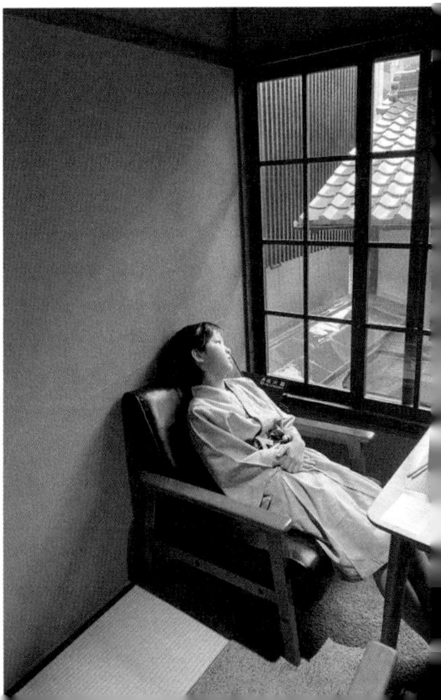

這種最好是老屋翻新，但實際型態不一，有一名為「季樂」的集團，專門在各處老城尋覓適合的老屋翻新，出租給旅人。在飫肥城的宿處還是武士建築，前門一開，外面是城下町，庭園闊大，院內還有井，十分特別。京都受限於町屋取得不易，倒不如飫肥城有名堂，但翻新得甚好，不只古意盎然，該舒適的現代化部分一樣不缺，小圓缸的露天澡盆，透明玻璃隔間的臥房，廚房不能說齊備，認真下廚大約不容易，但簡單煮食還是可以的。這樣的住處房主人通常不怎麼露面，畢竟町家狹小，難以空出接待空間，但相距不遠，求救有門。於是取了鑰匙，便是自占一屋，立刻升級成獨享町家的京都人。

這樣的町家多半小，位置也較偏，雖不至可遇不可求，但有一說一，價格都沒法太低，設施和服務也不能同飯店相比。若爲難，可尋仿町家風格的飯店。這類大型町家飯店占地位置較好，多半是有規模的集團盤下，再大範圍改成旅館。較精心的是整排老町家建築，但極少，單價恐怕更貴。大多飯店是新舊夾雜，本身保留部分老屋，再蓋出新樓，古今相連。於是在公共空間裡吃飯讀報談天，便是町家老派作風，客房都設在新樓，睡覺又是在西式飯店房間。

CANDEO HOTEL 就是這類飯店中的翹楚。門面是列入市文化遺產的老町家，後方真正供作客住宿的，卻都是新樓。住起來舒服不說，每日從掛著暖簾的門口進出，看看左鄰右舍街坊，確確實實感受京都氣息鮮活流動。光是如此便覺得值。旅行可不就正是打遠道來感受他人的日常呢？

季樂集團

CANDEO HOTEL

泡錢湯

泡湯是日本文化中極重要的一環，京都亦然，舊時的町屋狹小，不易有洗浴之所，於是在市井間便有專做澡堂生意的，挖取了地下水，生了柴火燒熱，注到大池子裡，居民搖搖晃晃地帶著毛巾肥皂，來堂子泡湯。這是舊時的京都，卻通常不是旅人的京都，畢竟時至今日，還有哪間旅館沒有澡間可供人泡浴？

京都並不以溫泉著名，是以早些時，並未特別留意在京都泡湯這回事。既然天然溫泉少，那麼同是泡浴，在旅館泡浴或在澡堂泡，差別究竟何在？初時是這麼以為的，且年輕時圖便利圖快，要特別花時間上澡堂泡澡，豈不耽誤旅遊時光？直到初次與京都樵游逛京都，從他口中聽到了泡錢湯的趣聞，這才知道，泡湯仍是現存的京都庶民文化，來洗澡不只是洗個澡而已，坦誠相見的熟人在澡堂子裡也可以做社交，相同職業的，住哪個街坊的，具有自己偏好聚集的澡堂，在一片氤氳之間，裸身閒聊，話東西家長短，亦是一種風情。並暗自記下原來大黑湯是早年藝妓聚集休憩之所，如今仍是藝妓泡湯處，說不定能有機會見識一番。

不過第一次進入錢湯，倒不是大黑湯。當時初冬，天冷又突然落雨，推著嬰兒車，已被幾間店家有禮拒絕，雖說京都好，但帶著小兒有時確實不那麼方便。被雨趕無可趕，抬眼是間名喚梅湯的澡堂，乾脆進去躲雨。這才眼見京都澡堂的風情，鎖貴重物品的櫃子仍是厚重的木箱，鑰匙亦是魯班鎖般的木塊組成，燈光昏黃，頗具昭和風味。價格便宜，畢竟是給居民沐浴的地方。領著小兒進堂，屋內挑高，熱氣瀰漫，一眾奶奶阿姨正淋溼頭髮擦肥皂，彼此赤著身體聊天，澡堂嗡嗡作響，並不清靜。一汪子女人看到初能走路的小嬰兒入內，竟是一擁而上，熱情招呼，可不管國籍語言，紛紛囑咐我哪池的湯水溫度過高，不宜小兒入內，更有幾個奶奶直接牽走我兒，幫忙擦身洗浴。此生首見這麼多光溜溜的女人圍著我兒，一時頗感震撼。這類場景恐怕很難出現在星級飯店的大浴場中吧？

於是慢慢拓展我的錢湯地圖，若在四条河原町左近，就去錦湯泡泡，若想感受真正的溫泉，就去以錢湯形式經營的船岡溫泉走走。特別在秋冬之際，去往這些小澡堂泡湯，閉目養神於熱水中，聽著周遭的人聲歡快閒話家常，笑語親切，哪是能同飯店浴場中彼此冷漠，眼不斜視的泡湯經驗可以比擬的呢？

大黑湯

梅湯

船岡溫泉

牛乳石鹸
ビューティサロン 岸田
TEL 371-2707
MIYASHITA
3

清閒的午後

初冬走在暖陽下十分舒服，走在京都最有名的散步道，哲學之道上，兩側樹木俱是枯枝，偶有幾片葉子還堅持著，在陽光下閃閃發亮。信步走去銀閣寺，繞了一圈，即使是淡得可以的淡季，銀閣寺人也未見少去多少，不如再轉出來，隨意在左近走走。這一帶尚稱熱鬧，然而帶著濃厚的禪院氣息，十分適合散步。

無意在路上看到「此巷內有便宜的湯豆腐料理」的陽春招牌，早餐用得晚，並不很餓。然而大約是心裡還願意在這裡晃晃，帶著好奇心地追隨進去。都說京都的湯豆腐十分貴，那麼「便宜的湯豆腐料理」究竟可以多便宜？結果一客一千五百日幣，花這樣的錢吃豆腐能說很便宜嗎？不過，總算還在可以接受的範圍。

已經遠遠超過午飯時刻，小得離譜（大概像是一般人家的門廊大小）的家庭料理空無一人，老闆是兩夫妻，年紀都足以當我爸媽，這時才慌慌張張從樓上的住家跑下來，大約沒想到會有客人上門，心中不免有些抱歉。小廚房完全是開放式的，也沒桌子，八個吧台座位正面對著廚房。並不是高級板前料理的態勢，裝潢很居家，感覺比家庭料理更為家庭式。老闆忙碌地燒火煮水，漂亮的胖白豆腐在距我一步半距離的小鐵鍋子裡咕嘟咕嘟地滾著。看起來彷彿很好吃。下午二點半，居然又有客人陸陸續續進來，不聲不響地坐滿小小的店面。

滾燙的湯豆腐上桌黃豆的香氣很足，沾一點醬油，能覺出分外的甜。彼時年輕，本來以為得要打打豆腐禪才能說是好滋味，這下倒很意外，是以又續叫了一盤炸豆腐。主人夫妻忙活得很起勁，老妻時不時會幫忙得團團轉的先生臉上抹抹汗，神色溫柔。大約如此，豆腐也是滋味溫暖，其味深遠。

很小的一件事，幾乎不值得記下來，卻一直印在腦海中。或許是那日的陽光溫柔，哲學之道的散步清爽宜人，老夫妻的互敬互愛，最後融成了那碗小小的湯豆腐。雖然後來發現這間小小的銀閣寺かつ竹料亭，有名的其實是雜炊，但豆腐也挺好，平淡而溫柔。

那是很多年前的事了，近來偶然經過，店還在，重新裝潢了，現在看起來很有點高級感，只不知道老夫妻還掌不掌杓？

銀閣寺かつ竹料亭

偶然與巧合

如果要論在國外能夠碰上朋友的機率，幾乎可以說，這樣意外碰上的地方以國人最愛的日本為最多。若是在日本要選出一個地方，恐怕是京都了。雖說京都沒有東京的遊客總量來得多，畢竟腹地小，隨隨便便走在哪條街哪段路哪間寺廟，都有可能碰的一聲就遇上了熟友。

比如早年還不太熟京都的時候，某次與友人在路上爭執該如何去到目的地。因爭執不斷，吸引了一對男女目光。台灣人的可愛便在此時展現，素不相識的路人先生走上前來解釋該搭那班公車抵達目的地。路人先生手上拿的是新年祈福的紙箭，女伴則抱了好大的絨毛娃娃，說是以前在京都留學的前京都人。

隔天居然在路上又碰見（可見碰上的機率不小），這次攀談了起來。當時正是部落格十分火爆的年代。我也算略有涉獵，雖習慣以本名真貌在網路上出沒，但如我這般無所顧忌的人畢竟不多，因此許多「熟友」我是見面不識。不料，「你，是不是寫過什麼？」前京都人先生端詳我半天，忍不住開問。這下交換網站名稱，才發現彼此早在網路上神交許久！

再後來，因旅居新加坡，時時不能和生活繁忙工作龐雜的台灣友人聚會，結果又是一次，臉書上看到身為律

師的朋友出現在京都放鬆，彼時我也在京都，於是不管在台北或是新加坡，怎麼都喬不出時間碰面的人，居然在異鄉的京都，約好了時間，隔天就在位於地下室的咖啡館碰了面，喝酒喝咖啡的狂飲一晚上，才在夜裡互祝美好後蹣跚而歸。

這樣的事非一即止，而是屢見不鮮。但凡每次去到京都，都要留意一下社群媒體，看看是不是有什麼認識的人也置身京都，那麼有怨的當躲，有情的當約。畢竟旅行也是跳脫日常的方法，偶一為之遇見故人是件樂事，若是一天要和相識的人在路上互撞三、五次，有的時候也不見得太愉快呀。

雪金閣・雪銀閣

前一天看氣象報告，說是隔天的京都有一定下雪的機率。於是一大早推窗觀天色，確實開始飄雪了。趕忙匆匆穿上衣服，備好相機，迅速到便利超商隨便吞點什麼當早餐。準備迎接一場硬戰。

京都是盆地，冬天雖冷，實際在京都市內下雪的機率並不高。因此能夠見到落雪的京都，原就是運氣。而素有金閣寺之稱的鹿苑寺，金光閃閃的金閣上堆滿了落雪的景色，向來著名，偏偏下雪的機會少不說，鹿苑寺早上九點才開門，就算晚上積了薄雪，白日太陽出來，也留存不久。於是雪金閣一向被稱為可遇而不可求的名景之一。

因此雪天裡若要前往金閣寺，要有心理準備，必定是車水馬龍，壅塞不堪。院內入腳泥濘，搶位拍照，相機撞頭層出不窮。此乃攝影人的不幸，也是其他遊客的無奈，更是金閣寺之災。然景色美，這也無可奈何。

鹿苑寺院內廣大，好景不只金閣一處，不過若在雪天，打賭你也不想待多久，這個時候可以轉去銀閣寺，奔奔波波地到稍有距離的慈照寺（銀閣寺），人大概會比金閣寺少一點，景色也好拍點，但要尋清靜？當然沒有。

金閣寺不管怎麼說，起造的時候確實是在牆上貼了金箔。但慈照寺的銀閣可從頭至尾都沒有貼上銀箔過，至於為什麼要被喚為銀閣寺，大概是因為蓋金閣寺的祖父足利義滿，和蓋銀閣寺的孫子足利義政，被時人拿來作比較吧？

深黑色的銀閣寺真正要成為銀色，撇除有名的枯山水之外，只有在下雪的日子裡可以沾上點邊。然而枯山水也好，灑了雪的銀閣也好，印象最深的仍然是入寺時兩側高高的樹籬構建出的通道，感覺上該是出現在歐洲宮廷的花園迷宮裡，卻被錯置到了這，而高大雄偉的樣貌，又和實際寺內略有窄小感的氣息不同，到底怎麼會在此處以這個方式興建通道呢？

離開了雪銀閣，為透口氣走上哲學之道，這個時間，哲學之道很安靜，剛好可以平復在人潮洶湧下受的拘束。

金銀閣寺因為雪不盛，沒能捕捉到真正極美的樣子，人也實在太多，最後幾乎沒有耐心取景。但我想這樣就好了，有看過，也不算留有遺憾。若下雪還是去別的地方走走，雪中金閣寺是應該不會再去了吧？

銀閣寺

琵琶湖畔

琵琶湖是日本最大的淡水湖，站在湖畔看，浩瀚無邊，若是圍著湖邊一圈，騎自行車大約也要十幾個小時，畢竟周長就有二百公里，確實是個大湖。湖畔多溫泉地，就以泡湯賞湖聞名。早些年京都還不流行溫泉旅館，全市也找不出幾間像樣可以泡溫泉的地方，於是在秋冬時間抵達京都，想泡溫泉，多半會去琵琶湖。

從前來，最喜歡住在紅葉旅亭，這是在琵琶湖畔有相當規模的溫泉旅館，大概與能登半島的加賀屋相似，景致和服務亦相差不離，還記得連住兩日的話，支配人（也就是總經理）會特別在用餐時間來打招呼，餐點自然也都不會重複，泡著溫泉賞景，幾乎平視琵琶湖，是非常美的住處。可惜因為經營之爭，早已歇業，雖然還有許多不壞的溫泉旅館在此，但似乎在紅葉之後，就不太選擇在琵琶湖畔過夜了。

不過還是會來琵琶湖，或者搭仿蒸氣船似的遊覽船用午茶，或者在春櫻秋楓的時節坐小船走疏水道，琵琶湖旁的山上有雪場，視野開闊，滑雪之際還能綜觀全湖。雖說是一個四季皆宜的景點，私心最喜的，仍然是觀湖泡溫泉這件事。

某次與京都樵相約湖畔，由她領著去雄琴（あがりゃんせ）渡假村泡湯。渡假村與飯店相連，本身倒是沒有提供住宿的地方。也許是紅葉予人殘留的印象太深，初見雄琴時覺得建物老舊，不過服務人員非常親切。老舊與否另說，泡溫泉的地方景色宜人，果然又是面湖第一排的佳景。泡在池水裡，目光可以平視湖面，熱霧瀰漫間，會有自己正身在琵琶湖內的錯覺。從前美好的回憶復歸，設備老舊點也無所謂了。

雄琴是一處當地人休憩娛樂的地方，價格便宜，玩樂的卻很多，泡了溫泉，還可以試試岩盤浴，休息夠了，除了能吃吃喝喝，也可以唱卡拉ＯＫ，休息室內是整牆的雜誌與漫畫，舒適的單沙發長椅上，零星坐了人，或抬頭望琵琶湖面景色，或低頭看著手中的讀物。一派安寧。旅行中能得這一副完全日常的景象，無形便覺得心安。

於是我又重拾對琵琶湖的喜好，泡完了湯，便到湖畔走走，能重新喜歡上一個地方，正如同在冬日裡暖暖地泡在湯泉裡，可不是很溫暖的事嗎？

雄琴渡假村

吃豆腐窮講究

到了京都，吃豆腐就是件大事。由於匠人們用京都品質良好的甜水，專心自製研磨出最好的豆腐，於是這分用心延展到了食客身上，那麼食客似乎就必須要端正態度品嘗這個由黃豆磨漿加點滷進去製成的平常小吃。

於是乎，一份湯豆腐料理，動輒兩三千日圓的並不少見。固然由於京都名水造就了豆腐特別純美，對一個不慣於細細品嘗的人來說，著實貴了點。

某次因為工作上的前輩請客，到了名店奧丹吃豆腐，時值冬日，坐在能看到戶外落雪庭園景觀的位置，手捧著一碗熱騰騰彷如雪花細白的湯豆腐，景美，酒溫，湯豆腐點兩滴醬油，攪和丁點薑蓉，彷彿立刻就美味起來。前輩端坐得穩，正正經經地吹一口熱氣，吃一口豆腐，再閉上眼睛細細品嘗。這吃的不是豆腐呀，吃的是種儀式，一種氛圍。彼時年紀還輕，面對幾如長官的前輩不好放肆。結果看著落雪吃豆腐，如許景色，竟然遲遲不敢拿出相機取景。只記得豆腐很燙，而景極有味，卻苦於留不下。於是南禪奧丹留在心中最最深切的，是雪，是景。而不是豆腐。

至於單論豆腐本身，京都一地最為出名的豆腐，恐怕要算森嘉。森嘉是豆腐名店，卻不是餐廳，對於旅人來說，很難買到他家豆腐品嘗。不過好險湯どうふ竹むら餐廳賣的是森嘉的豆腐，也是目前我唯一知道使用他們家豆腐的豆腐料理店。吃過一次，豆香味確實要更濃厚一點，但恐怕要舌尖如雷達探索器的美食家，方能察覺出更多不同。

要我說，大老遠來京都偶爾吃上一塊好豆腐，就算嫌棄滋味寡淡，也是極其風雅之事，倘若求的是雅，當去奧丹。倘若計較的是其事，是其味，那當覓一處能煮食的宿處，直接帶一塊森嘉豆腐回去慢慢料理，最好能直問店家，如何煮豆腐最有滋味，那又是另一番風雅。

您若要問，到京都不吃豆腐不行嗎？當然可以，但除了京都，如此把吃豆腐當成一件大事來做的地方，這世界可再找不到。既來京都了，不妨也窮講究一番，談風論雅，手持清酒品豆腐，恐怕更是真正的京都味。

吃豆腐不講究

京都吃豆腐窮講究了幾次之後，學了個乖，若要帶人來，不好再如此講究。一來花一筆不算小的開銷吃一碗湯豆腐，不見得誰都能接受。再來，即便囊中有餘，吃了頓這麼寡淡的豆腐，恐怕會有一肚子怨氣。所以如非很肯定是陽春白雪之輩，否則輕易不帶他們吃風雅，怕是雅不成，卻氣瘋了。

人在京都不吃豆腐，總覺得有點缺憾。這不怕，豆腐吃得講究，不完全在於風雅，也在於其做法之廣、調味之細、之多元上。

看到這您或許要問了，豆腐還能有什麼吃法呢？這要看店家了，有時在口感上下功夫，於是就有比較紮實的豆腐，一咬一彈。也有細嫩如水的豆腐，入口即化。有時是在豆腐製成上講究，比如下了柚子汁在漿裡，其味清香的豆腐，又或搗了芝麻和在漿中的豆腐，濃而又添口感。另也能在醬汁上做花樣，比如用各色味噌沾刷之後炙烤過的豆腐，這光味噌又有數十種不同選擇，更不要提做法不同，能有吃原味的湯豆腐，也就能有炸豆腐蒸豆腐煎豆腐和用醋醃的豆腐。

況且豆腐料理店裡，時有生麸作為豆腐料理的搭配，花樣更多，有時一整套豆腐全餐，大大小小盤皿，可以上十來盤。這樣不走大雅之道，卻走極討喜路線的豆腐料理店，真正是雅俗共賞，再不覺吃豆腐要打豆腐禪，方能品出真滋味。而是眼花繚亂上了一大桌，滿滿的豆腐滿漢全席呢。

這樣的店，可以嘗試清水順正。就在東山區的二年坂上，店鋪大，頗有食堂感，花樣多，隨便便是一大桌，最宜走逛東山區各大景點之際，竄進店裡一角，大啖豆腐一番。一來符合參禪拜佛之風（畢竟東山區的景點幾乎都是寺院），又可滿足旅人探奇之心，還能飽腹。可謂三全其美。

清水寺
門前

豆腐料理中另一私心所好，即是湯葉。湯葉爲滾燙豆漿之上，稍涼後取下的那一層清薄豆皮，其狀為半凝固，真正入口即融，彷彿雪花，且是集中了黃豆精髓，滋味極濃，然而每套豆腐全餐中，所能得之湯葉往往僅一小口。

於是我也捨棄豆腐全餐，僅專注一味湯葉丼。竟儼然亦識得京都之專了呢！

本願寺銀杏

初冬若要賞銀杏，本願寺是極好的去處，一來沒有門票費用，二來方便，從京都車站出發，不消幾步路就能到，銀杏樹又大又黃，襯著深色建築，分外美麗明顯。

京都有兩座本願寺，一為東本願寺，一為西本願寺。和平日習以東為尊的概念不同，東西本願寺的名稱完全就是位置而已，東本願在東邊，往西走幾分鐘就是西本願寺，若論起歷史的久遠，西本願寺才是老的那座。所以若不稱東西，單只叫本願寺，那麼指的就是西本願寺。

最早開始的本願寺是供奉聖人的地方，原本單純，後來佛寺的勢力坐大，與戰國三雄的織田信長對抗，被四處驅逐，直到信長去世，才由豐臣秀吉扶持在現址建寺。不過在日本，寺廟住持本就可說是職業一種，是以寺院亦可說是家業，既是家業就會有繼承糾紛。於是在不久後，本願寺即出現了繼承人之爭，此時的當政者已是德川家康。因考量當時佛教勢力的龐雜，也不願感念豐臣秀吉的本願寺勢力坐大，德川家康便使出了釜底抽薪之計，直接讓有爭議的繼承人在東本願寺現址另立了一座寺廟，徹底分割兩派信眾，從而削弱了本願寺的勢力。

因此東西兩寺是十分相似，畢竟

出自同源，然而後建的東本願寺占地要比西本願更大，建築物也要更莊嚴簡樸一些。西本願寺則是細節上的裝飾更多點。大約也是和建造的年代不同有點關聯。不過不管是哪座寺，隨意遊逛都是很舒心的事。兩院寬闊，銀杏美麗，將黃未黃之際，或是完全艷黃的顏色，都甚是美麗。因地勢平坦而遊人不多，此處和京都御苑一樣，都是極好放手讓小小孩奔跑的地方。銀杏以外，脫了鞋上大殿走走，其挑高廣闊更甚他寺，光腳踏在沁涼的木板地上，發思古之幽，亦是玩賞佳法呢。

西本願寺

東本願寺

形狀

也是到了京都多次，左右繞不開寺廟，這才開始細細打量關於神社寺院的諸多細節。先是御守，這好懂，比如我們的平安符或護身符。再來是籤，也沒什麼問題，只不過籤文要找人解，聽日語比較費力氣。另外就是求到凶籤能綁在神社祈福去厄，與我們的自求多福相比，似乎要親切一點。再就是各種奇奇怪怪的動物籤，雖可愛，至今不明白其用途，似乎最大的功用便是讓人收藏。同樣功能的還有朱印，本來應該是來抄經的信眾得以領取一張的證明，後來似乎變成了到此一遊的佐證，來參拜就可以找廟方人員領取或購買。在這些賜福物件之中，花費最多時間觀察的，還是繪馬。

繪馬用來許願，將願望寫下，誠心祈禱，然後掛在繪馬架上期待成真。傳說繪馬的來源是貴船神社，這座神社起源自神話，祭祀的是水神，農業社會看天吃飯，人們又相信馬為神的坐騎，於是但凡缺水，便獻上黑馬，請水神速來，若水太多，便獻上白馬，求水神速走，大約是這個意思。這時的馬是真馬，至於就此讓神社豢養還是被燒掉（貴船神社每年還有燒舊繪馬的儀式）不清楚。不過後來演變成祈求神明需自備馬獻上。神社老收馬不是辦法，信眾也沒有那麼多人有能力獻馬，於是演變成交點錢買塊木板，在上畫馬就行，再後來也不必畫馬，能畫神喜歡的其他動物，或特別需要被祝願平安的地方，連形狀也開始奇奇怪怪，各有千秋。

一開始看繪馬帶著好奇，從各地來的人以各種文字寫下自己的姓名心願來自何方，堂而皇之地高掛在繪馬架上，一個個看過去彷彿在窺視他人內心。慢慢的，繪馬的形狀便開始吸引注意力。大部分的繪馬都是形如屋宇的五角形，但赤乳白乳神社（春日大社內）的繪馬加上細邊，變成長方形，裡面畫上一對光裸的乳房，求婦女病能治癒。伏見稻荷大社供奉稻荷神，繪馬就成了狐狸臉，另也有迷你鳥居繪馬。求美貌的河合神社就用鏡子形狀的繪馬，以櫻花出名的平野神社，繪馬是正圓形，上面畫了櫻花。拜陰陽師安倍晴明的晴明神社，繪馬就變成消災解厄的五芒星。求財的御金神社，繪馬是金燦燦的銀杏。最有趣的還是下鴨神社群中的雛太社，繪馬直接就是橄欖球，這樣的繪馬要寫下和運動不相關的心願，好像不太會實現啊。

不只如此，有些神社繪馬會每年一換，碰到重要大事再換，導致現在重返故地，都要去認認繪馬跟以前是否一樣。話說回來，京都真是適合收集狂居住的地方，轉頭看看我的各種御守，只能略有心虛地說，還好我患病不是太嚴重啊。

數石頭

洛西名寺許多，但專程讓人去看石頭的，只有一處。那就是龍安寺。

若是看過早年一部電影《艾蜜莉的日本頭家》（Fear and Trembling），電影開場就是龍安寺石庭，寧靜謐美，精彩對比出女主角後來在日本遭遇的文化重擊。而同樣一幅景色，若是蘋果電腦的使用者，恐怕更加熟悉，因為電腦內建的桌面，就是這個石庭的照片。

這是一個有名的石庭，來的人，十有八九會坐在廊下看庭數石頭。

石庭不大，枯山水也沒有銀閣寺一無圍籬的大氣，名氣卻很盛，特別在西方人之間。這是因為一九七五年，英女皇伊莉莎白二世訪京都時，特別要求觀賞龍安寺石庭，並極力稱讚，這才讓龍安寺名氣在歐美大開，導致現在去龍安寺數石頭之際，都會忍不住順便數數擁擠的人頭。

至於數石頭的緣故，蓋因龍安寺石庭乃為京都枯山水代表。這個石庭由石牆環繞，在窄小的長方庭園鋪滿梳成流水漩渦形式的細白砂，依照七、五、三的數目，在白沙上擺放十五個大小不一的岩石。然而據說庭園中的石頭因為角度關係，不管從哪一方向看，都無法數全十五顆，是以不太相信的人如我，在此庭最大樂趣就是換方位數石頭。

枯山水的擺放多有其主題，有一說龍安寺石庭源自於老虎攜幼子渡河，是以又稱「虎負子渡之庭」，不過由於石庭是出名的「謎之庭」——建造年代不詳、建造者不詳、建造意涵不詳，所以是否真代表大小老虎渡河頗值商榷。也有人認為白沙為海，石庭意指瀨戶內海上羅列的諸島；又或指細沙為白雲，石頭為仙山；另外有說石頭其實暗暗排列成心形或內藏數個漢字等等，眾說紛紜。有不少歷史學者試圖解謎，大都推測石庭是由江戶時代的名造庭師小崛遠川所做，大約是因為與同樣出自小崛遠川之手的南禪寺及嵐山清涼寺庭園有所相類。

我來過這石庭數次，大多很難好好認真定心觀看。因為庭小而人多，是以總會感覺十分擁擠，每個人都不光是坐坐看看便走，總要換個幾次角度，還要舉起食指默數石頭。是以若也想加入數石頭大軍，頂好在深秋初冬春末，大家都去追楓追銀杏時來，此時的龍安寺最為安靜，足夠讓人數十次石頭呢。

龍安寺

京都冬穴場

穴場在日文的意思指的是祕密場所，比如隱藏起來的景點，很不好找的小餐廳或酒吧，都可以成為穴場，不過像我這樣懶散的人，在京都的穴場也就只能是不太祕密的地方，也許很多人都已經知道的場所，但確實是本人冬天最喜歡窩著的地方。

還能是哪呢？自然還是咖啡館。曾經在維也納短居的那段時光，染上了當地咖啡客的習慣，在一個城市裡，便有那麼一兩間氣味相投的咖啡館，可以自在地走進去。侍者老闆不一定叫得出你的名字，但一定認得你的臉。你也不知道眼前這些人叫什麼，但有什麼關係？他們的所有小癖好，都在你的觀察範圍內，信手便可拈來。

京都確實也有這樣一兩處咖啡館，彷彿是我在京都時的讀書室，亦或客廳。冬天實在冷的時候，就在這讀讀書。與朋友相約，也多半領來這裡說話。其中一間大大有名，，老闆是話稍微多一點的日本人。也就是你問話他會回答，很偶爾會主動問你一兩句，絕不聒噪那種。

這間就是六曜社。京都老字號的咖啡館兼酒館。初來的賓客可能會稍微疑惑一下，因為地上一間六曜社，地下也

有一間六曜社，營業時間還不一樣。地上六曜社雖然咖啡也很美味，不過我的穴場是地下室那間。

一開始來是聽說這裡的甜甜圈很特別，老店的氣氛很好，尤其喜歡鮮艷的深綠色磁磚，襯著木頭顏色鮮明又沉穩。來過幾次之後，覺得老闆可以聊幾句，咖啡也總是很好喝，但當然，最重要的是有酒。老闆調酒的手法精湛，濃淡都可以溝通，偶爾提出客製的需求也能答應，不多話，卻又很溫和，實在是坐久就覺得很舒服的地方。營業時間說到晚上十點，但真的坐下來，往往可以待到十一點，還有新客進來。在京都，可以有一處地方舒服自在地待到這麼晚，並不是一件容易的事。對於夜貓屬性的我來說，更喜歡來了。

於是也開始與朋友相約在此處，寒冷的天，一進門就急著在溫暖的室內中脫下大衣，和老闆寒暄兩句，再和朋友持酒聊天到夜深。對我來說差不多就是這樣的一個地方。然而在一個不屬於自己的城市裡留下生活的軌跡，何嘗不是一件浪漫的事呢？

六　曜　社

京漬物

京都之食偶爾令人惱火，或許是匠人精神作祟，壽喜燒店就只壽喜燒，豆腐料理店就只豆腐，若是鍋物，菜色也不豐富，此菜真正指菜，肉以外，鍋物內往往只有切雕成花的胡蘿蔔片，一些洋蔥，些許蔥段，難得出現一點小松菜，便十分值得高興。

即使專程前往精進料理（素菜）店，花樣也是在豆腐和菇類上打轉，不是不好吃，但久待京都，就會覺得吃得寡，特別想吃菜蔬。只有早餐，若在飯店裡用自助餐，或可乾脆一氣吃夠一日蔬果所需。

不過有時還是會忍不住，點了日式早飯，吃晶瑩剔透的日本米，配上一塊皮煎得香脆的魚肉，喝味增湯，當然，還要配上我最喜歡的漬菜。

京都出產的菜蔬都十分美味，但實在不能算是物產豐饒，然而這裡是天子所居之處，自要以最佳供奉。既然食材不豐，那便力求專精，務必使有限的食材達到最美味的程度，於是一塊豆腐也能變出不同花招，硬生生弄成一般人吃不起的樣子。這在有限的蔬菜中亦如此。雖不能說是京都獨有，但京都的漬菜堪稱一絕。

早年的京漬菜專供貴族與僧侶食用。算是高級食品。後來因為能方便保存，為需要出門作戰的武士重視，需求人增多，才逐漸開發出諸多不同滋味，又因為京都的蔬菜養得精細，滋味又分外不同。比起同為漬物的肉類魚鮮，花樣反而更多。一般來說漬菜可用糖、鹽、醬油、麴、味噌、醋和黃芥末製作，醃法差別，醃製時長都會對口味有影響，因此即便同種蔬菜，也能做出不同滋味。又因為各處愛用的味噌濃淡甜鹹各異，醃漬出的口味亦隨之而變。即便地緣接近，也會各有特色。

京都最有名氣的漬菜應該要算是千枚漬（千枚漬け），這要用聖護院的蕪菁切成薄片放在木桶醃製，因為一個木桶裡約有上千枚蕪菁薄片，是以稱千枚漬，與其他漬菜比，保存期較短，大約因為醃製過久便難保爽脆。

另種源自大原的柴漬，以大原的紅紫蘇混著菜蔬醃製，其味酸且獨特，色深紫絳紅。亦很美味。

其實不管哪些種類，亦不管出自何店，我幾乎沒有不喜歡的京都漬菜，佐飯佳，下酒亦很順口，只不喜歡梅乾，實在過分鹹了。不過對於一整根可以當零食吃的胡瓜漬，可只偏愛在二年坂上小店賣的，錦市場的就完全不行啦。

瓜奈良漬
大根奈良漬
奈良漬
千枚漬
11月18日
満点カード
プレゼント
京 倶楽部
三木鶏卵
島本海苔乾物
西瓜
奈良漬
Nara zuke
奈良酱瓜
把菜瓜放进酒精腌制
两年而制成的咸菜。
能常温保存 90 天。
二番粕
税込 四三二円

天津飯

「餃子的王將」在台灣已經有分店了，還沒有機會吃過，但和本店的味道想來是有分別的，畢竟京都人都能把京都的四十六間分店分辨得明明白白，有人只吃北白川分店，有人偏好四条大宮的本店，各有擁護者。因為與另一間連鎖餐廳大阪王將不只名稱接近，又都是餃子專賣店，時常有人搞混，所以也有人直接把餃子的王將稱做京都王將，不過在京都只要說王將餃子，不會有人誤會，畢竟可只有餃子的王將是開源、營運都在京都。

餃子的王將當然專賣餃子（也雜賣日式口味的中華菜色），和台灣的餃子略有不同，這裡賣的是日本煎餃，沒有鍋貼的油膩，外皮也煎得香脆，內裏的菜餡留有脆感，搭配保有肉汁的鮮美絞肉，加上價格確實便宜，同樣是連鎖店，吃起來可要比牛肉蓋飯什麼的過癮。我雖然也覺得這裡的煎餃好吃，但要說到難忘，還是那碗天津飯。

第一次進餃子的王將是在多年前寒冷的冬夜。因為想吃喝點熱湯水，看圖片說明，天津飯是將雞湯和雞蛋澆在飯上，感覺符合。從來沒聽過這個，試著點了。點來之後，飯上那層薄透的澆頭略有芶芡，伴著蟹肉和海鮮碎提味，雞蛋給得很大方，形似滑蛋的做法，卻要更嫩一點，蛋汁滿滿裹住白飯，配上調味濃厚的湯頭，一口下肚，香氣十足，剎時驅散冬夜的寒氣，可要比普通蓋飯來得暖胃，又不比拉麵湯頭難以入口，瞬間收入了味蕾私藏。於是到了京都，但凡獨旅，挑晚走進充滿大眾食堂感的王將餃子，點份天津飯加煎餃，就成為京都定規。

問過天津的朋友，說是天津並沒有這道菜，純粹是日式中菜，大概發明人是天津來的才這麼命名。

幾年前大阪的王將開到新加坡，菜色相近的這家王將，在日本也有天津飯這道菜，興匆匆拉上家人去嘗鮮，卻被告知新加坡不賣這道菜。為什麼呢？難道是因為新加坡沒有冬天太過溫暖了嗎？

餃子的王將

京壽司

說到壽司，腦子裡自動浮現的是新鮮的生魚片，平鋪在醋飯上，沾一點山葵和醬油，便能品嘗的美味。不過，京都的壽司並非如此。

京都是盆地，不靠海，魚鮮的來源很有限，一是若狹，也就是今日福井那一帶來的海魚，要不就是琵琶湖內的鮒魚。兩邊送來都要時間，魚無法久放，只好先處理。若狹來的鯖魚為了要保持運送的過程中不腐壞，於是乎要先用鹽醃過，再泡在醋裡面，沿路送過來。琵琶湖雖然比較近，也是要時間呢，那時候沒有冰塊，於是他們就用發酵的米醃著鮒魚，時間不限，據說上品可以醃到五年那麼久，醃製成方送到京都。琵琶湖的鮒魚壽司喚做馴壽司，氣息很臭，其味如藍紋起司，如今不多見，除非是相當好事的逐臭之夫，又或正巧碰上，否則不太容易吃到。

鯖魚壽司就不一樣了，至今在京都還有兩百多年的老字號專門店，專作這味壽司，鯖魚壽司的做法，要比直接把生魚塞到發酵的米中醃製文雅一點，先以鹽醃鯖魚，洗掉了鹽之後再處理魚皮魚刺，浸醋至少一天，然後便可以製作了。這款壽司統稱為箱壽司或押壽司，原因是醃製好的魚是要放在置於長木箱的米飯上，透過輕壓的動作，把魚身上肥美的油脂和味道融進米飯中。這還不算完，最後要裹上一層厚昆布，讓昆布的氣味可以均勻滲透進入米飯和魚內，最後再上一層竹葉包裹。待到要吃的時候，先把那一層昆布去掉，只吃裡面的鯖魚壽司。由於並不講求新鮮，多得是遊客或京都在地人，在店裡買了就外帶，擱上幾小時才吃也沒問題。氣味重，酸香味強烈，配上鯖魚本身濃厚的油脂，味道非常奇特。

另一種奈良特有的柿葉壽司也很特別，這也是箱壽司的一種，用料不只限於鯖魚，做法不特意強調醃漬，目前使用鮮魚來製作的也很多，重點反而在包裹壽司的食材上，這柿葉壽司顧名思義就是用柿子的葉子包裹壽司，因為柿葉也有殺菌功能，對於不那麼喜歡吃山葵的關西人來說，是消毒殺菌的首選。

關西的壽司起源比江戶來得早，傳到江戶後，因為江戶人不耐煩等，關西壽司製作上隨便也要幾天，覺得時間寶貴的江戶人一急之下，乾脆加以改良，把拿來醃魚料的醋和鹽都拿去調製米飯了，這樣魚料只要新鮮，放到飯上就能立刻食用，變成目前所熟悉的關東流派壽司。

純以結果論，關東大勝！不過都來到京都了，勻出一餐試試老壽司也不錯。若是初次嘗試，還是天冷食用為好，不然誤會了醋醃的壽司是發酸了，那就不美了。

いづ重壽司

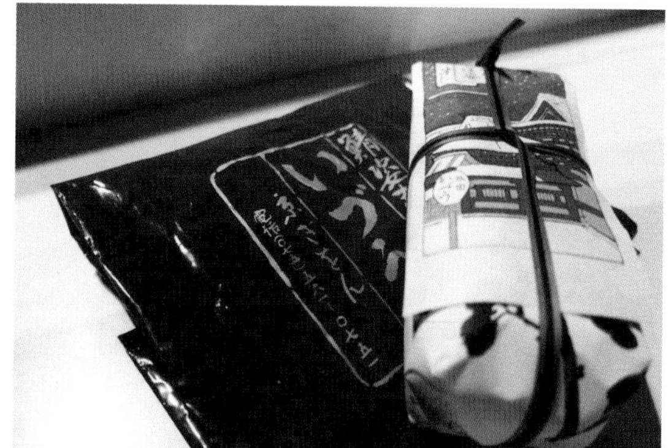

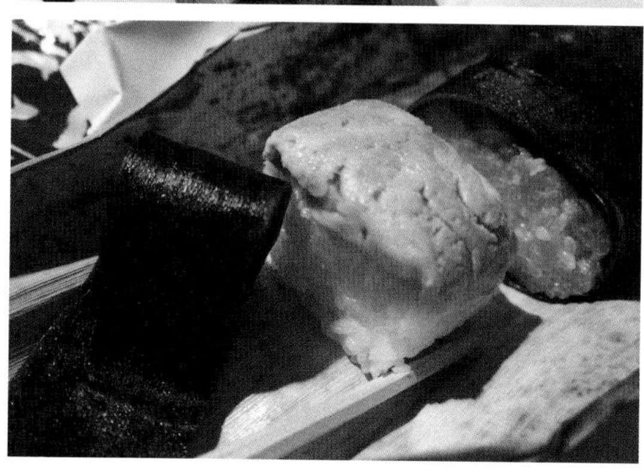

火爆蔥拉麵

其實不好拉麵，不過另有一碗道地的京都拉麵卻是深得我心，至今已經造訪過數次，並不因為其娛樂效果，而是因為這是我所吃過青蔥香氣之香之盛記憶最深的拉麵。

拉麵店名為馬鹿一代，在二条城附近，最知名的便是噴火拉麵，這也是其娛樂性的來由，店主在煮完麵後盛在碗裡端到面前，此時還不能動筷，店主會問準備好否？此時食客需雙手置背後，身體往後仰，切記不能動不能起身不能驚叫，因為店主即將將一小鍋溫度達三百度的滾熱蔥油傾倒在碗內，油潑到碗之際，滾熱的油碰到麵上鋪滿的青蔥，激上水氣，瞬時便會爆出大火，火焰能比站著倒油的店主還高。火焰不過囂張一秒，就立時蔫去，剩下一碗熱燙的拉麵和直衝鼻腔的清新蔥味。

為求安全，也為了噱頭，店主的要求頗多，先是不得自己拍照錄影，主要是為了安全，因為碗離客人近，若自行動手拍攝極可能受傷，於是手機交店家，店家幫忙拍。再來是全程要穿紙圍兜，因熱油隨時可能噴濺，這是為了客人的清潔著想。不過店主早年還會自己拿出手機，要求客人眼往上看，口大張，作勢要大口吃麵狀，然後拍下上傳，於是網站上還會留下清一色一模一樣姿勢

的眾生大嘴照，相當好笑。（近來似乎不這麼做了）

本以為這樣一頓明顯偏重娛樂價值的拉麵，味道並不值得期待，不過一口便知湯清味鮮，蔥油雖厚但多半已被火焰燒盡，入口不見油味，而京都名產九条蔥的香氣經火激發，比他種吃法更香更嫩，本來九条蔥的特點便是不嗆且味清甜，如此火焰燒炙之下，不僅甜味分明，香氣更為明顯。細問之下，才知原來老闆不是胡鬧，同為愛蔥人士，不過是在各種嘗試下發現此法最能激發九条蔥的特色，如此而已。

如此一間店，來客卻多是觀光客，甚為可惜。前幾年馬鹿一代到新加坡展店，關鍵食材九条蔥亦從京都直送，旅居新國的我甚喜，前往一試，味道幾乎一致。只可惜新國開店成本過鉅，維持兩年就悄然消失。目前官網上仍廣招有意展店者，不知會否有同好心動，哪日台灣也能開一間才好。

馬鹿一代拉麵

入一風堂不吃辣

京都菜系予人的感覺上清淡味純，味純意指強調食物原味，其實不過是針對少數食材如此，比如豆腐，確實豆香醇厚，調味至淡，講求的是一個味真。若深入嘗試，便會發現說京都味淡其實不然，比如和三盆，比如羊羹，甚至絕大部分傳統和果子，其糖之多，甜之重，簡直一口便吃進了一年份的糖。鹹的亦不少見，比如三嶋亭的壽喜燒，肉嫩汁濃，不能說不美味，然不過三口就可以配去半碗白飯外加一杯白水，就是因其調味下手重，不僅鹹還甜之故。這便是京都之食的偏執，講究專精，調味走向總在光譜兩側。

至於京都味濃最具代表性的，大約可以說是天下一品拉麵店。

天下一品是真正發跡於京都的拉麵，目前分店已經遍及全國，儼然是餐飲大家之一。其招牌就是濃郁系湯頭，湯之濃之厚，黏稠到堪比西式濃湯。五十週年時為慶祝，還要推出超濃厚特別紀念口味，那即便一口湯不喝，麵條上都厚厚裹上了彷如醬汁的湯頭啊！暫不說旅人對其口味的接受度，且去問問京都本地人，對天下一品的偏好已經可以細緻到要哪家分店所出才行。所以京都人食得清淡一說，實乃被豆腐生魚片之類飲食所影響。

不過雖然重鹹重甜，京都人確實不太吃辣，若是嗜辣如我，長旅之際有點辛苦，故某年初次踏入京都一風堂分店，點了一碗經典白丸，便詢問侍者能加辣否？「要多辣？」侍者問。「越辣越好。」我說。心想京都之辣，最多不過七味粉，整罐倒下也就那樣吧。並不懼怕。於是侍者端上一碗豚骨拉麵，邊上附了小半碗的紅粉，我先是倒了大半，想想不夠，乾脆又把整碗倒入。侍者在旁略有吃驚地看，我點頭淡笑表示無妨。一拌一挾，麵入口便知不妙，然侍者關心地在旁觀看，為求不丟分，我大口吞下，再喝一口湯。侍者點頭表示佩服後終於轉身走，我才趕忙喝掉半杯水。

「怎麼？」同行男友問。「這不是七味粉，這是很辣的辣椒粉！」不知道一風堂用的是何種辣粉，居然如此地道，簡直就是辣椒鄉裡的正宗出品。可座位正在吧台，目標鮮明，無論如何拉不下臉拒吃，因此以最快速度囫圇吞棗，將麵吃個乾淨，湯一口不碰，面紙費了數張擦鼻涕淚水，水又灌了兩杯。

自此但凡經過一風堂，便要被已經變成先生的前男友笑話，看來要被笑一輩子了。

天下一品拉麵

智積院冬趣

智積院不是一個太有名氣的佛寺，位於東山區，占地不算小。因為沒有名氣，遊人也少，算是我很喜愛的一處京都景致。無他，此處不僅人少，景也好，最重要的是，還在交通便利的京都市內，不是什麼窮山闢野之間，信步能走到，不過須臾，就是入畫之地，堪稱絕佳的散心場所。

初到智積院原是無意，當時是冬末了，天很寒，不耐久走，原是附近的一間咖啡館坐坐，喝咖啡吃鬆餅。腹中有東西比較耐寒了，這才有閒心走出咖啡館外，抬頭就是智積院。在京都便是如此，無意之間都能發掘意料之外的景色。心想也是無事，這才入院看到梅花的景色。

梅花尚不能算驚艷，稍遜北野天滿宮，不過春季的時候，智積院的櫻花也很不壞，到了初夏，更是滿園的紫陽花。即便是深秋，金堂前方的楓樹亦很集中，範圍雖不廣，但景致很精緻，最好的是在無人知曉，所以四季美景，感覺上都可以一人獨攬。

不過要我說，頂頂好還是在初冬的時候來。此時天還不算太冷，秋楓的艷色還沒有褪，然而銀杏已然轉黃，襯著智積院五顏六色的掛繪，端的是一副好景，且又無人，能見的俱是附近居民，三三兩兩，清清幽幽。因有大半無料入園的區域，來訪的人也都彷彿不過就是穿街走巷，甚或步入自家庭院般輕鬆自在，閒適得很。京都不乏好景，卻時常少了這樣的雍容，君不見往往景色絕佳之處，都會有人緊張地挪位拍照，深怕缺漏一處當拍之地，社群媒體上要矮人一截。這樣即便遊人還不算擁擠（此種狀況也極少見），縮在一旁心也會忍不住緊張起來。智積院並非如此，什麼季節來大體都是寧靜祥和的。在此隨意走走，心思再煩亂，都能平靜下來。

於是在獨自帶小兒訪京之際，念起這處，便帶著還在橫衝直撞年紀的小兒，來這美景一般的智積院四處撒野，任他在銀杏落葉堆中打滾，任他與遊人肆意嬉笑，再看他在冷天裡亦能跑的一身大汗，且不必擔心他衝撞了誰或妨礙了誰，遊人也能嘻嘻哈哈地對他。爲母也可放鬆心情，自在地遊逛看景。可不是謂冬趣？

智積院

六角堂散策　上

距離錦市場走路不過六、七分鐘，可以抵達京都「肚臍」，本名頂法寺的六角堂。這座帶有中式感的寺院，被現代商業大樓重重包裹，乍看之下很難想見已有千年歲月。六角堂起源據說是聖德太子在此看見一汪泉水，便進入沐浴。當晚即夢見隨身帶著的觀音像要留在此建寺，因此而來。六角意指「眼、耳、鼻、舌、身、意」，若能將代表各種欲望的六角捨去，即可達到「六根清淨」。

期待眾生六根清淨的六角堂，本身卻有很多不讓人清淨的故事，其一是肚臍石。六角堂右側地上有塊有圓孔的石頭。傳說是桓武天皇遷都來京都時，想在六角堂上開路，就來祈求觀音成全。於是觀音顯靈，六角堂一夜往北移動了十五公尺。並同時出現這塊六角石。被天皇稱為平安京中央，號「臍石」。這還不夠，園內的柳樹也有專屬故事。這次是觀音告訴嵯峨天皇可以在樹下遇見他的皇后，果不其然，嵯峨天皇就在這裡的柳樹下遇見了美女，並迎娶為妻。所以此處柳樹又被稱作「結緣柳」。雖說日本傳奇故事頗多，但就一處寺廟的觀音與天皇家往來如此密切，確實也讓人覺得這真是位長袖善舞的觀音啊。

不過六角堂境內存在許多專職守護小孩的可愛地藏，寺後的那汪游著天鵝的池水就是聖德太子沐浴處，門前的結緣柳樹生得龐大又彎得低，在在為車水馬龍的都市巷道間，創出了一處極具風情的休憩地。便是大殿本身，亦修成了特殊的六角形，往寺廟隔壁的大樓走，搭上電梯，在行進間往下張望，便可從上方完整看到六角堂的六角形，也是趣味之一。

於是不頂大的一間寺院，可細觀之處便甚多，若還意猶未盡，在寺廟之旁，有間整面俱是落地大窗的星巴克，遊罷能坐在其中喝咖啡欣賞六角堂庭院景致，又另是一番風情了。

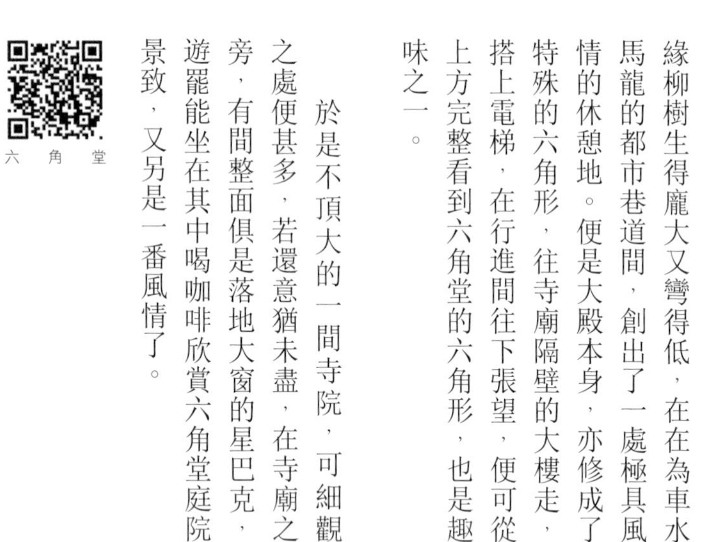

六角堂

六角堂散策　中

從六角堂踱步而出，周圍便有極好的咖啡館。且不說星巴克這樣的連鎖店，到那不過圖個好景。稍遠些便是INODA咖啡最有名的本店，頂頂好是清早便到此處點份有名的京都早餐，配上咖啡閒情逸致一番，感受一下谷崎潤一郎和池波正太郎也讚不絕口的咖啡館氛圍，畢竟是作家自告「我的清晨，是從INODA咖啡開始的。這是多年來的老習慣了，如果不喝上一杯INODA的咖啡，這一天就無法開始。」的地方。

不過INODA本店時常要排隊，若是不耐煩等待，再往前走幾步，便是小川咖啡了。這又是一間京都老字號，其咖啡味濃純正，早餐也十分有名，雖無文人加持，來此一杯也很不壞。又或可來感受新店，也就是這左近，藍瓶咖啡六角分店就在此間，町屋改建的小地方，人倒不能算很多，吃食雖然沒有幾樣，咖啡卻沒得好說，舊金山越洋而來開立的店，畢竟與京都風味不同，若愛此道，盡可來試試。

盡的漫畫。不妨將它當成超級大間的漫畫出租店，只不過這裡的漫畫都要乾淨許多，空間清爽明亮，不是一般漫畫店可比的。

這還不算完，這一帶更有二〇二〇年方重新開設的新地標，新風館。這是一間結合旅館與購物餐飲的基地。由隈研吾翻新了大正時代京都舊中央電話局，入駐的旅館就是大名鼎鼎的 Ace Hotel，有電影院，亦有許多帶著藝術味兒的雜貨與名品店，熱熱鬧鬧的在烏丸御池一帶開張，這裡的一間冰淇淋鋪都能將普通的冰淇淋裝飾上和果子的紅豆泥，弄成一束花，好不好吃另說，創意和視覺的效果很是驚人。最好的還不在此，新風館的閉館時間直到晚上十一點（指餐廳及影院），夜貓子屬性的人，在這六角堂周遭也不怕沒有去處了。

如此從日到夜，從餐飲到景點到購物，六角堂這幾個街區足能逛上一整日，京都之旅勻上一天，在這屬於京肚臍的周遭走走，很是不壞呢。

Ace Hotel
Kyoto

河合

再來一杯神賜酒

入冬時刻走在哲學之道上，還真要是好事之徒才會如此。畢竟這個時期的哲學之道感覺蕭索，沿路枯枝敗葉，沒有雪，疏水道的水也淺淡。不過大抵在新年前後的京都，差不多都如此，畢竟是日本人過年的時間，也如我們一般是團圓的日子，不開門的店家很多，整個京都都會進入一種半休眠的狀態。

牽著外子，兩人世界在此倒不覺得寂寞，走到大豐橋（名字大器但實際上是迷你得可以的小橋）上，反正並沒有目標，乾脆過了這座小橋，想看看深處還有些什麼。就這樣一路順行，走到了一間很小、但名為大豐的神社。

大豐神社看起來奉祀的是狛鼠，也就是老鼠。神社內到處都是老鼠雕像，造型可愛，間或也有一些其他的動物塑像。然而沒有人，販售御守等物的地方大方擺著神社周邊產品，寺門後的地上留了一小圈燒盡木材的灰，大約前不久在這裡舉行過什麼儀式。空無一人的神社相當冷，本來可愛的老鼠在淡淡的陰森感中也給了人別樣感覺。之所以供奉老鼠，是因為日本的大神之一大國主，曾經經歷過火劫，因老鼠咬了一個洞讓他得救。難道因為火放過了，所以老鼠也走了，人也沒了嗎？

小神社當中有個平日做祭典的小舞

台，望去擺放了幾個小杯子，和兩三瓶白色酒瓶，走過去一看，上面寫著神酒，似乎供人隨意飲用。新年期間去神社，確實常會看到有人販售甘酒，也就是一夜就能釀好的濁酒，甜得很，熱呼呼的很應景，偶爾也有免費供應，多半是傍著神社附近的店家招待。但此處並沒有商家，根本也沒有人，酒看起來是能喝的樣子，但真的不用收費嗎？而且看起來並不是甘酒嘛，這和以為的初詣時的甘酒是同樣道理嗎？

兩個人你推推我，我推推你，終於還是一人一杯，小小心心地喝下去。就是一般的清酒，喝下冰涼，沒什麼滋味。但在冷涼的新年，一個神祕的小神社裡，偷偷喝著老鼠神賜的酒，感覺我們兩個也像小老鼠一樣偷偷摸摸地，不免也覺得這酒果然神賜，喝下說不定可以延年益壽呢。

大豐神社

一月的春

入本來並不知道跨年假期不是京都旺季，不過看到車站前空空如也的計程車招呼站，再想想出發前兩天買到的機票和訂到的酒店，那也沒有什麼好不明白的了。

拖著行李走向車站左近的旅館，沿途是間間門前冷落、店中寂靜的明亮店鋪，閃爍的店招是陰暗天色下點綴的普普藝術——沒有實際用途。唯一的喧囂悶悶地傳自牢牢關好門的帕青哥電玩店內，大片玻璃櫥窗上貼好了雪白的海報紙，上面是斗大漢字書寫的「迎春」。這時才想起來，日本人的新年不就正是這時候？習於被101煙火轟炸的台北客一下忘了，遠巴巴跑來此處尋覓跨年的熱鬧是不是有點傻？

日本在明治維新時廢棄舊曆，在那個倡導「脫亞入歐」，事事要向歐美看齊的年代，這樣的主張由年輕的天皇提出，毫不違和。只是當時一頒布，新年突然急促在二十多天後就要降臨，打得民眾措手不及，民間也悄悄傳出明治政府是因財政拮据，發不出給官員閏年十三個月的薪水，這才急急改弦更張。不管如何，人為的春天終究靜靜地在日本降臨了一百五十年，結苦果在獨行於冬京都的南方遊客上。

於是在終年不休的連鎖店吃了碗蓋飯，走在與平時不同，清靜又幽暗的四条河原町，越走越感覺 Creepy。突然望見寺町通上還點著溫黃色招牌的御多福，難以自禁走過去。進入在此之後個人京都唯二的常駐地下咖啡館（另一間是六曜社），發現了一屋笑語。滿室通紅的小巧咖啡館坐滿了人，和洋風格的裝潢溫暖又適意，留著長鬢角的老闆精心調製醇香的咖啡，典雅的老闆娘穿梭在客人的小桌間輕聲問候。這裡的客人談天要比京都他處自在，時不時還會冒出開懷地笑聲。夜裡十點時老闆笑笑地和大家舉了咖啡杯，道了 Happy New Year。雖然時間沒到，但滿屋此起彼落的 Happy New Year 彷彿已經為新的一年揭開序幕，也正式開啟這一趟京都行。

「除夕我們都去寺廟的，敲鐘，妳知道？一〇八響，去除災厄。」迎春的高潮過後，隔桌的咖啡客指點我這個異鄉人。「有些寺廟可以讓你自己敲，不過光是聽鐘聲柔和，心情就會很平靜喔。」

按著咖啡客的建議，來到名列日本三大梵鐘之一的知恩院山門外，閉上眼聆聽一〇八響的除夕鐘聲悠揚，寧和感緩緩湧上。這種時候最好就不要睜眼。知道為什麼只站在山門外嗎？因為山門內都是人，毫無準備根本進不去啊！按節做事的京都，跨年當然就是去寺廟祈福，我怎麼就忘了呢？

知恩院

御多福咖啡

哲學之道上

不耐煩擁擠，所以走在哲學之道上時，多不是春櫻，也不是秋紅時分，夏天又熱，是以大半是入秋冬後。偶爾葉仍是深綠，還不冷，偶爾天已寒，樹皆枯枝。我在這條兩公里多的步道緩步，碰到有興趣的岔路，也毫不留戀便轉身走上，不過就是漫無目的的散步罷了，多數的京都旅行，總會有這麼一兩天。

素來人多的這條路，在初冬大體是安靜的。聽說在隆冬，此處就只剩一條銀色小徑，沒有人煙。一直希望什麼時候能親眼得見，銀白的古寺小徑，應與北國平坦雪原兩樣才是。

某次在遊人已然非常稀少的哲學之道上，看見了一位素人畫家低低地戴著毛帽，專心至意地畫著些什麼，神態肅穆得讓人不好驚擾，這或許是日人的專注，做什麼都很認真。小徑旁儘有長椅，我也多得是工夫，乾脆坐下來看。

天氣好的時候，這條路上寫生的人不少，到京都四處風景甚好之處，像這樣拿著張折疊板凳、背著畫架就地作畫的人很多，多半就是業餘寫生。夏秋之際極容易碰見，但時已入冬，雖還未下雪，實在不是很適合長時間坐在戶外不動的天氣。然而畫家十分專注，彷彿這條寂靜的路上，喝水聲、翻書聲、快門聲（以上都是我）或偶經過的人聲，都不存在。

畫畢，是一幅素描，繪的是飄雪的哲學之道。

濃淡相宜的筆觸，勾勒出雪中朦朧情調，一如我心目中的冬景，沒有人，只有花瓣般的雪片，凍成冰柱的枯枝，陰天裡的雪分外白皙。那便是京都的冬日了，寧謐、乾淨、偶爾像水晶般折射出光采。看著看著，再是萬馬奔騰的思緒也靜了下來。

畫可以買，於是要了現畫的這一幅。近中年的畫家近藤先生連連搖手，表示此張不夠好。大約是指此刻無雪，不過憑空臆想，不夠真實。不過我堅持就要這幅，畢竟這是他手上唯一的一幅雪景，而我總有某種預感，不知道何時才有機會在雪中於這條小徑上散步。

那是許多年前的事，之後我也的確在各種季節繼續在這條小徑上走了無數次，但再沒有碰過這位近藤先生，也的確至今為止，不曾在雪中走上這條哲學之道。

幸運草計程車

嚴格說起來京都並不算交通不方便的地方，畢竟有各種電車，也有地下鐵和公車。不過如果仔細走過，就會發現有些時候確實不太方便。比如公車，若在京都車站搭車，發車時間通常準點，若是其他站牌就不好說，畢竟路窄而車流大，晚到有時候難以避免。電車的種類多，要搞清楚路線需要先花費一番功夫，而地鐵覆蓋的面積太小。簡而言之，有時候在京都搭計程車純屬必要。

如果是和東京的車資比較，就會覺得京都的計程車平易近人許多，不過司機的英語普遍不太好。雖然號稱有外國人友善計程車，但數量非常有限，京都車站出口處的外國人友善計程車招呼站，任何時間去看都不會有人在那邊排隊。當然不是因為沒有外國觀光客，而是大家都去排普通計程車了。至於車資，確實就要看交通的壅塞程度。以幾乎交通尖峰的下班時間計算，從四条河原町叫計程車到仁和寺，花費的金額大約二千七百日圓，還不到難以承擔的價格。

若是要在京都搭計程車，除了車資，或許也該注意的是車上的標誌。京都的老字號計程車公司「YASAKA」，一般是紅顏色，上面塗著三葉草商標。據說因為乘客的意見，在總量一千四百輛計程車中，特別規劃了四輛將三葉草商標畫成四葉的幸運草計程車。呼應民間傳說，若是找到四瓣的酢漿草，就會得到幸運的說法。按機率算成功搭到的可能為三百五十分之一，因為少，就算是京都當地人，要是搭到了四葉草的計程車，恐怕都會特別合影留念。

不過你以為這樣就是超幸運計程車了嗎？那可不是。雖然暫時大概看不到，但在二〇一五年，路上跑的還有一款只有兩片葉子的計程車。這個葉子是葵葉，乃是上賀茂神社的社紋，上賀茂的式年遷宮恰在這年舉辦，特地與計程車合作，推出的期間限定。當然，遷宮完成後，也就搭不到這輛計程車了。

所謂的「式年遷宮」就是神社固定進行的修繕工程，將原本住在本殿的神明遷至旁殿，住處修好了，才再請回來，過程就叫遷宮，也符合日本神道教神明會不斷重生的概念。一般神社二十年一修，也就是說如果下次仍然會推出這輛計程車的話，那也要到二〇三五年才有機會坐到了。

上賀茂神社 式年遷宮
櫻日和
COMFORT
京都530
い28-28
1211

七味唐がらし
山椒之粉

〔flow〕003

100 種京都

100 Faces of Kyoto

作者 陳彧馨 Jas Chen
攝影 陳彧馨 Jas Chen

副總編輯 洪源鴻
責任編輯 董秉哲
封面設計 萬亞雰
版面構成 adj. 形容詞
行銷企劃 二十張出版

出版 二十張出版 — 遠足文化事業股份有限公司
發行 遠足文化事業股份有限公司（讀書共和國出版集團）
地址 新北市新店區民權路108之3號3樓
電話 02・2218・1417
傳真 02・2218・8057
客服專線 0800・221・029
信箱 akker2022@gmail.com
Facebook facebook.com/akker.fans
法律顧問 華洋法律事務所 — 蘇文生律師

製版 中原造像股份有限公司
印刷 中原造像股份有限公司
裝訂 中原造像股份有限公司

出版 二〇二四年十月 — 初版一刷
定價 三八〇元

ISBN — 978・626・7445・46・4（平裝）、978・626・7445・45・7（ePub）、978・626・7445・44・0（PDF）

國家圖書館出版品預行編目（CIP）資料：100 種京都 ／陳彧馨 著／ — 初版 — 新北市：二十張出版 — 遠足文化事業股份有限公司 2024.10 308 面 13 × 18 公分
ISBN：978・626・7445・46・4（平裝） 731.75219 113011672

100種
京都
100 FACES OF KYOTO
KYOTO
AKKER